Audrey at Home

“和平之邸”及其春季时的果园

奥黛丽·赫本
在家里

Audrey at Home

[美] 卢卡·多蒂　路易吉·斯皮诺拉——著　　辛涛——译
Luca Dotti　Luigi Spinola

CNS PUBLISHING & MEDIA 中南出版传媒
湖南文艺出版社 HUNAN LITERATURE AND ART PUBLISHING HOUSE
博集天卷 CS-BOOKY

图书在版编目（CIP）数据

奥黛丽·赫本在家里 /（美）卢卡·多蒂，（美）路易吉·斯皮诺拉著；辛涛译．— 长沙：湖南文艺出版社，2016.12
书名原文：Audrey at Home
ISBN 978-7-5404-7834-6

Ⅰ．①奥…　Ⅱ．①卢…　②路…　③辛…　Ⅲ．①赫本（Hepburn，Audrey 1929-1993）－生平事迹
Ⅳ．① K835.615.78

中国版本图书馆 CIP 数据核字（2016）第 257868 号

著作权合同登记号：18-2016-145

上架建议：传记·画册

AODAILI HEBEN ZAI JIA LI
奥黛丽·赫本在家里

作　　者：[美] 卢卡·多蒂　路易吉·斯皮诺拉
译　　者：辛　涛
出 版 人：曾赛丰
责任编辑：薛　健　刘诗哲
监　　制：吴文娟
策划编辑：董　卉
特约编辑：宋　歌
版权支持：辛　艳
营销支持：仇　悦
封面设计：姜利锐
封面图片来源：Yousuf Karsh/Camerapress/ 东方 IC
内文排版：李　洁
出版发行：湖南文艺出版社
　　　　（长沙市雨花区东二环一段 508 号　邮编：410014）
网　　址：www.hnwy.net
印　　刷：北京尚唐印刷包装有限公司
经　　销：新华书店
开　　本：700 mm × 1000mm 1/16
字　　数：200 千
印　　张：16.5
版　　次：2016 年 12 月第 1 版
印　　次：2016 年 12 月第 1 次印刷
书　　号：ISBN 978-7-5404-7834-6
定　　价：58.00 元

质量监督电话：010-59096394　团购电话：010-59320018

一天，我大儿子房间的墙上出现了我妈妈那无处不在的标志性形象——“蒂凡尼”商店橱窗上映照出来的“霍莉·戈莱特丽”。“文森索，这东西挂在这儿干什么？”我的口气稍有责怪。他不服气地说：“可是爸爸，这是奶奶啊！”

我想把这本书献给他和他的两个妹妹——玛尔塔和爱丽丝，因为在“让她离去”之前，我必须得让他们明白，在黑紧身衣和大太阳镜后面的奶奶是个什么样的人。而这样做时，我相信，她在我们家庭影集中的形象和在黑白剧照中同样完美无瑕；我也相信，她在自己喜欢的食谱空白处做的笔记与她剧本里的台词同样重要。

目录
CONTENTS

妈妈与“皮平”（又名“IP”，电影《绿厦》中的一头鹿）和约克夏梗犬“著名先生”腻在一起（1958年）

序言
PREFACE

曾经的我根本不知道奥黛丽·赫本是谁。小时候，一群记者不依不饶地问我关于她的事情，我有些气恼地回答他们："你们搞错了，我妈妈是多蒂夫人。"他们哈哈大笑。对一个六岁的小男孩来说，他妈妈是芭蕾舞者也好，是科学家或女演员也好，又或者仅仅是一位母亲，都无关紧要，他只要知道他的父母都很棒就够了。再说了，我那位精神病学家爸爸的故事要有意思得多。在家里，爸爸才是焦点，尤其是当妈妈把她的演艺事业放在一边，专注于自己的新角色——妻子和母亲的时候。

我们偶尔会去洛杉矶旅行，但对我来说，迪士尼乐园的灯光要比好莱坞的璀璨多了。当妈妈回到片场拍摄《罗宾汉与玛莉安》时（那是我出生后她首次回去），我开心极了，不过仅仅是因为"詹姆斯·邦德"（肖恩·康纳利饰）在那儿，就在她身边。

对我来说，妈妈普通而平常，她当然是可爱迷人的，但我对她却没有丝毫迷恋。这是年龄的问题，因为我们是两代人，而且那时候人们已经不太常谈论起她（妈妈不再演戏，"偶像狂热崇拜"时期也还未到来）。我的朋友们第一次来我们家里时都很好奇，因为他们脑子里装满了父母所说的对奥黛丽的印象，这些都是他们通过我妈妈演的电影和他们自己看的杂志得来的。然而，一旦他们开始了解她，任何拘谨不安都会消失得无影无踪。

我日渐长大，生活也差不多还是老样子。我们在瑞士托洛彻纳茨的一个小村里有一栋房子，叫作"和平之邸"。游戏室的书架里塞着那座她凭借《罗马假日》而获得的奥斯卡最佳女主角奖奖杯（1954年），还有一些别的纪念品，比如那些五颜六色的瑞典小马，我都以怀旧的心情保留着。而客厅里则放着她因人道主义工作而收到的致谢函，最终还是这些东西对她来说更有意义。我想起了1992年美国布朗大学授予她名誉学位时她的反应，她对我说："你能相信吗？

《双姝艳》宣传剧照（1951 年）

像我这样没受过正规教育的人也有一个学位了呢！”她从未能如她希望的那样进行系统的学习，因此对得到这个认可感到非常自豪。

从前的她能逐步成为一位“明星”应该归功于她对电影艺术的态度，归功于银幕上的她自己。她曾梦想成为一名古典芭蕾舞演员，为此，她遵照这门艺术的严苛要求刻苦练习。在面试玛丽·兰伯特学校通过后，她离开荷兰，前往伦敦，但是不久她就发现自己进行不下去了。二战期间耽误的舞蹈训练无法弥补，而对其他女孩儿来说却多出了五年的优势。“她们吃得好，住得也好。”有一次，她这样悲伤地说道。如此，妈妈接受了她永远成不了一名古典芭蕾舞明星的事实，但是她在演员生涯中同样严于律己，遵循着她认为在各行各业都适用的唯一成功秘诀：早早起来检查这一天的任务。

这个习惯她维持了一辈子，即使是当她不再演戏，而去做全职妈妈和联合国儿童基金会亲善大使的时候也仍然如此。

妈妈没有把自己当成一个伟大的演员。她和我讲的唯一一次工作八卦是关于与她合作的一些演员同事的，说他们可以整晚尽情狂欢，第二天早晨稍微化点儿妆，再喝点儿好的提神饮料，就能把工作干得尽善尽美。她说她有时候不得不把他们从床上拽起来，就像对我爸爸那样——我爸爸曾经承认：“没有你妈妈用淋浴和咖啡敦促我的话，我永远也成不了一名教授。”她那些狂浪的同行都是谁我就不说了，不过她那搞笑的描述里也包含着真挚的钦佩：“我是绝不敢像他们那样的。”她这样说并不是假装谦虚。

我还记得她收到史蒂文·斯皮尔伯格写给她的信时激动的样子。

几年前，在罗马一家电影院里观看《E.T.》时，我妈妈就非常激动，她抓住我的手说："卢卡，这人是个天才。"而这个天才现在邀请她出演角色了。我问她是什么角色，她说："管它呢！他竟然要用我，你能想到吗？"

她飞到蒙大拿州在电影《直到永远》中扮演一个天使，那是她最后一次在电影里露面，也许我应该让她跟我多说一些那次的感受。我那时十九岁了，也算是斯皮尔伯格的一个超级粉丝，但我们见面时聊得更多的是我的考试、我的首次浪漫恋情，以及其他一些不重要的日常话题。我们也聊她的过去，但不太聊她的电影。在我们的对话中，她经常会谈起她的童年，讲述让她想起战争的故事和我们家族的历史。在她最后的几年里，多数是在早餐时，她会由着性子说话，毫无顾忌。我应该多问她些事情来着，但当你不过是个十几岁的少年时，你很难想到妈妈四年后就要离开你，也很难想到有那么多事她再也无法告诉你。

她去世之后，我对她的印象仍然停留在那时的前任"多蒂夫人"。当我妈妈的癌症显然已控制不住时，亲属们聚集到了瑞士，打算在她挚爱的"和平之邸"过圣诞节。妈妈在她的伴侣罗伯特·沃尔德斯和我哥哥肖恩·费勒的陪伴下从洛杉矶返回，我从米兰赶过去，很快就会成为我第一任妻子的阿斯特丽德也从巴黎赶来，我妈妈最好的朋友多丽丝就住在附近。几个星期以来，我们就围着那些能缓解妈妈病痛的药团团转。终于，一天下午肖恩对我说："你得放松一下，至少歇几小时，有什么事我给你打电话。"于是我就照他的建议去看了场电影。

在洛桑剧院的黑暗中我接到了电话，妈妈最后一次睡去了。一直以来我都执着地相信，哥哥让我去看电影是为了保护我，好让我看不到她最难受的时刻，就像大人们在谈论事情时总把小孩子支到花园里玩耍一样。

随后一切都改变了。她不在了。当那些似乎是从“和平之邸”围墙上冒出来的摄影师最终消失后，妈妈和其他所有人心中的奥黛丽都变了。在我回到我当时工作的米兰之后，我看到她的脸从每一处报摊上看着我。当我成功摆脱笨拙的“赫本儿子”形象时，我也只能偶尔悼念一下她了。

我开始慢慢明白，我不得不向这个偶像屈服（这一点除了我之外，任何人都知道），因为尽管我长大后知道妈妈很有名，但我真的不了解她的名气有多大。同样地，人们经常问我是否有时间了解奥黛丽（似乎假设我也是从他们所处的距离来看她的），好像妈妈就定格在一系列黑白电影剧照里，没有更进一步似的。

相反，我最早的记忆里就有20世纪70年代的柯达和宝丽来彩色照片，和旧时的家庭相册没有什么不同。那时候，妈妈的形象基本上已经从杂志封面上消失了。1967年，《丽人行》和《盲女惊魂记》发行时，她的电影演员生涯就已经走向终点。那时距离她出演《罗马假日》已将近十五年，而距离她作为舞蹈演员训练的日子也差不多有三十年了。她就这样不曾休息地跨入了四十岁的门槛，她对那些惊诧于她早早息影的记者阐明：“有人认为我放弃自己的职业是为家庭做出的巨大牺牲，但根本不是那样。这就是我最想要的。”[1]然后她再一次描述了她作为一名“家庭主妇”的新生活：“如果人们认为那是一种枯燥乏味的生活可就太不幸了。你绝不会买一套公寓，刚装修完就走开。那里有你选的花、你播放的音乐、你等待的微笑。我想要家里是快快乐乐的，是这混乱世界中的一方乐土。我不想让我的丈夫和孩子回到家就看到一个匆匆忙忙的女人，我们这个时代已经够匆忙的了，不是吗？”[2]

她的话到此为止，剩下的话由我来说。这是唯一一个由我叙述的版本，包含着我和妈妈一起经历的事情以及多年来我逐渐弄懂的关于她的回忆。她早就决定不写回忆录，也拒绝过传记文学经纪人欧文·保罗·拉扎尔的提议。那天，妈妈跟我说我不会看到她写的传记书，我问为什么，她温和地说："我得把所有事实都说出来才行，卢基诺（昵称），不能只说好听的，可我又不想说别人的坏话。"

1953 年我妈妈在拍摄《龙凤配》时所租住的公寓

这本书，我把它看成一本"厨房餐桌传记"，写这本书的想法源自一个旧笔记本。我的朋友阿莱西娅在我家厨房里发现了一个满是灰尘的活页夹，她从架子上取下它时，几页纸从里面掉出来，上面密密麻麻写满了字，另外还有些剪报和短笺。里面有许多篇幅都在讲令人叹服的大菜，配合复杂的讲解。不过这些大菜从没有上过我们家的饭桌，因为不管是在生活中还是在厨房里，妈妈都会把自己从一切不必要的事情中解脱出来，只留下对她来说最重要的。

这些食谱中不仅有水晶蛋（这位"传记作者"跟我们保证，她可以像一位少女那样灵巧地做出这些菜），还忠实地记录了她出差时用手提箱带的意大利面、她和挚友在下午狼吞虎咽吃的冰激凌，以及她从喜爱的菜园里采摘到的一切食材等。这本书记载了对她的人格和个性造成重大影响的事件——那些她成为明星之前的生活痕迹。

再往前看，这里还有"二战"的创伤和对一个少女来说具有重大意义的一切事物的丧失：家园被毁，父亲突然失踪，亲戚被杀害或者被流放。危险总是存在，为抵抗运动组织送信（藏在鞋里）都可能送命。除了草和煮郁金香之外没有任何东西可吃，她勉强活了下来，却瘦得皮包骨，幸亏解放者带来了一些巧克力，要是再迟一点儿就全完了。这本书中有一张照片捕捉到了那一刻——那时候刚解放几个月，照片上配着一行简单的文字："战后首次填饱肚子。"但那之后她就病倒了，她的胃已经不习惯食物了。

妈妈挺过了那段艰难岁月，她把她的幸存当成一件不该被浪费掉的礼物。她努力工作，只为夺回她所失去的：住宅、家庭、厨房中的安全感。这种工作上的冲劲不仅为她打开了通往幸福的大门，使她过上了炫目耀眼的明星生活，还激励了她的一生。这种冲劲就是一切的源头。如果说她有什么秘诀的话，也只会是那种冲劲。一分耕耘，一分收获。

妈妈和罗伯特·沃尔德斯以及他们的杰克拉塞尔梗犬（"和平之邸"）

“我跑到阁楼上……从我最喜欢的角度仰望蓝天：那光秃秃的栗子树，枝丫上的小雨滴闪烁着银子般的光泽，海鸥和其他鸟儿在风中滑翔。我想，只要这一切还在，只要我还活着，我就能看到它们，看到这阳光、这无云的天空；只要它们还在延续，我就不可能不幸福。”[3]

——安妮·弗兰克（《安妮日记》，1947 年）

妈妈和外公约瑟夫·拉斯顿·赫本（比利时林克贝克，1934 年）

I

荷兰：

战争与失去的家园

荷兰烩菜：怀抱希望，重建勇气

你是好莱坞明星？那你肯定是个美国人。规律是不可抗拒的，集体想象不容例外，因而妈妈几乎总是被当成美国人，尽管她百分之百是一名欧洲人。

妈妈出生在比利时布鲁塞尔，外婆是荷兰人，外公是英国人，而她在荷兰与英国之间长大。虽然外婆的语言中保留着一种从遥远世界和时代流传下来的神秘性，某种她自己的东西，但我总认为妈妈更像是一位尼德兰①女士。我们在家里讲一种法意方言，而只有和罗伯特·沃尔德斯交流时，她才使用自己童年的语言。罗伯特从小生活在战火纷飞的荷兰，从妈妈与爸爸分开后一直到妈妈去世，罗伯特都是妈妈的灵魂伴侣，他很爱她。爸爸曾开玩笑说，要是想模仿妈妈说荷兰语，嘴里必须含一颗热土豆才行。而罗伯特则言之凿凿地告诉我，那种语言是“极其好听的”，是一种已消亡了的古老语言，妈妈是从她亲爱的爷爷那里学到的。

1944 年到 1945 年“饥饿的冬天”期间，纳粹占领者为了报复人们支持盟国而让四百多万人挨饿。那个时候，连一些脏水他们都称之为汤，而且只有在最幸运的日子里才能喝到，通常会配上一点儿芜菁和一块用豌豆粉做成的怪模怪样的绿面包。

妈妈在她的花园里（林克贝克，20 世纪 30 年代）

① 指历史上的尼德兰，包括现在的荷兰、比利时、卢森堡以及法国的部分地区。

妈妈回忆说："我们吃荨麻，还试着煮草（不仅是郁金香）吃，但我真的受不了。"她也不太喜欢吃苦菜，但是很长时间内只能吃苦菜。她曾说："感谢上帝，至少我们还有苦菜可以吃。"[4] 不过随后她就像《飘》中的斯佳丽那样说："我对自己发过誓，这辈子绝不再吃这东西了，绝不再吃。"

那时候还有许多其他烦恼，它们并没有随着解放而全部消失。那场战争一辈子都压在妈妈心头。尽管对战争的恐惧很少出现，可一旦出现，往往就是在你最猝不及防的时候。九岁还是十岁那年，我用自己攒下来的钱买了个闹钟。我得意扬扬地把它拿给妈妈看，她竟莫名其妙地生气了。我并不知道，在战争期间，制造这个钟表的那家德国公司曾经从压迫劳动中牟利。妈妈对我买这个闹钟的反应很不理智，但我后来也明白了这背后的缘由。

妈妈还告诉我，她们家曾经掩护过一个英军士兵。当时她又害怕又兴奋，担心一旦被发现会有什么后果。她是个勇敢的少女，像其他许多人一样，她也帮助过抵抗组织。她通过参加在家里秘密组织的芭蕾舞表演来募集资金，更确切地说，她一直参加到没有食物了为止——没有吃的，她也就没有力气跳舞了。外婆告诉她要大量喝水，那样起码能感觉肚子是饱的。当她体力不支，站也站不住时，她就整天躺在床上抱着书看，以此方式来驱除心中对食物着魔般的欲念。

在第二次世界大战的最后几个月里，荷兰有两万两千多人死于饥饿，妈妈也差一点儿饿死。她那时十六岁，身高将近一米七，体重却只有八十斤。她患上了哮喘、黄疸病以及其他由于营养不良而导致的疾病，包括急性贫血和重度水肿。妈妈是这样描述水肿的："它从你的脚部开始，到达心脏时，你就死了。我们解放的时候，我的水肿已经到了脚踝上面。"[5]

战争结束后两年，她收到一本名为"Het Achterhuis"（安

左：这张照片的背后是妈妈写的一句话：“这一年宣战。”（阿纳姆，1939 年）
右：安妮·弗兰克在她十三岁生日时收到一个日记本（1942 年 6 月 12 日）

妮日记）的手稿，这是一个少女的日记。日记的主人和妈妈一样，也生于 1929 年。当时她就藏在阿姆斯特丹一座公寓里的书架后面，一藏就是两年。她的名字叫安妮·弗兰克。

这本日记让妈妈感到震惊，因为就像她说的：“那个孩子完整叙述了我所经历和感受到的东西。”在这本日记中，妈妈还发现有一处提及她姨夫奥托被枪毙的事——他是 1942 年 8 月 15 日被德国人处死的第一批平民之一。

“不同之处在于她待在室内，而我可以到外面去。”[6]妈妈说。她知道这其中的差别是很大的，“那时我去火车站，看到牲畜拉的车，里面挤满了带着老人和孩子的犹太家庭。我当时不知道他们是去送死的。人们说他们要去‘农村’，我不懂，因为我那时还是个孩子。我一辈子所有的噩梦都和这些影像混杂在一起。”

她把日记里的话一段段背诵下来，虽然她有很多机会可以扮演安妮的角色，但她都拒绝了，因为她觉得自己无法重新体验那地狱般的过去。她的朋友，身为作曲家和乐队指挥的迈克尔·蒂尔森·托马斯让事情有所改变，他说服妈妈为他写的一首交响乐配解说词。他们从《安妮日记》中摘录出词句，于 1990 年 3 月到美国巡回演出，1991 年 5 月又到伦敦，所有音乐会的收入都捐给了联合国儿童基金会援助的孩子们。

迈克尔·蒂尔森·托马斯回忆起他们最后一次见面时的情形，那是 1992 年春季，地点就在瑞士格施塔德我们的度假小屋内。妈妈准备了意大利面，迈克尔劝说她再排定一些新的音乐会，最后一场定在 1995 年 5 月。这些音乐会本来是要把她带回荷兰的，事情差点儿就圆满了。

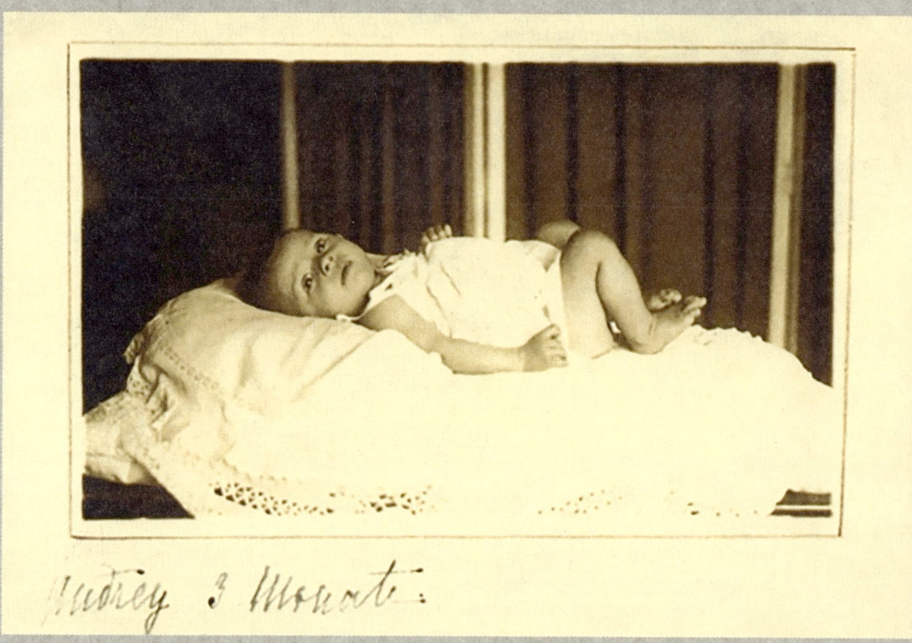

妈妈三个月大时的照片（1929 年）

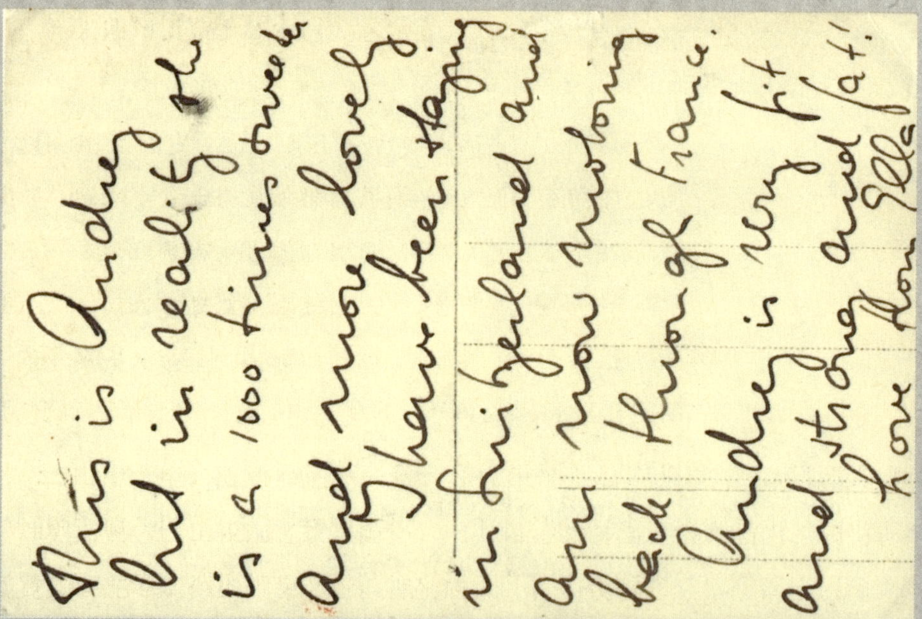

This is Audrey
but in reality she
is a 1000 times sweeter
and more lovely.
I have been staying
in Switzerland and
am now motoring
back through France.
Audrey is very fit
and strong and fat!
Love from Ella

外婆在那张照片背面手写的短笺

妈妈和她的保姆葛丽塔（1931 年）

荷兰烩菜

2 人量

烩菜是一道味道浓郁的菜肴，出自旧时的荷兰，是妈妈和罗伯特两人共享的一份"荷兰人证明书"。战争期间，他们所住的地方仅相距几公里，妈妈在荷兰阿纳姆，罗伯特在附近一个小镇里。这道菜是他们俩独享的，与他们国家抵御外辱的智慧有着深厚的关系。

1574 年，西班牙军队包围了当时的莱顿市，企图饿死那里的居民。当食物即将耗尽时，荷兰军队解放了该城，这时城里仅剩的食物就是一小锅土豆、胡萝卜和洋葱了。从那时起，每年的那一天人们都要吃这道菜，以纪念那次解放。

"烩菜"这个词本身是指由土豆、胡萝卜和洋葱做成的一种菜泥。不过，在欢庆的日子里，我们可能会加点肉来丰富一下它，再淋些肉汁上去。下面所述的就是牛肉版本的烩菜，当然，荷兰烩菜也可以配传统烟熏肠或几片熏火腿。

225 克牛肩肉或者肩部厚肉块

2 个大土豆，去皮后分别切成 4 块

1 个大洋葱，去皮后切成薄片

盐和胡椒粉

2 个大胡萝卜，去皮后切成丁

芥末籽备用

加 1 杯水（250 毫升）到锅里。放入牛肉、少量盐和胡椒粉，用小火煮，直至牛肉煮烂。大约 1 小时后，捞出肉晾置。

转中火，搅拌使肉汁变浓。将肉汁浇到肉上，盖住肉以保持温度。

与此同时，将土豆放入平底锅中，加水刚好没过土豆，再放入胡萝卜和洋葱。大火煮开后转小火，盖上锅盖，煮大约 20 分钟，直到各种菜变软。将蔬菜捣成菜泥，加盐和胡椒粉调味。把菜泥倒入盘中，牛肉切成薄片置于菜泥之上，配上芥末籽即可上菜。

'the beach'

'37

上左：妈妈与我的两位舅舅亚历山大和伊恩玩“猜手势游戏”（1938 年 4 月 24 日）

上右：妈妈和我外公在家里（比利时林克贝克，1938 年 4 月 24 日）

中左：妈妈在罗马附近的奥斯蒂亚海滨（1937 年）

中右：妈妈九岁时和我外婆埃拉·范海姆斯特拉在一起（1938 年）

下右：妈妈和我外公在林克贝克（1933 年）

海蒂·马萨德的蔬菜牛肉汤配酸辣调味酱

6 人量

在瑞士格施塔德，我们家上过一种不太传统的烩菜——一种“蔬菜牛肉汤”。这道菜是我们一家人的好朋友兼邻居海蒂·马萨德提供的，她这种做法的烩菜是世界上最好吃的，对此我毫不怀疑。

4 根大牛棒骨

4 块多肉牛尾（2 千克）

1 个大洋葱，不要剥开

香料包（百里香、月桂叶、欧芹）

1 小匙（3 克）胡椒粒

8 个胡萝卜，去皮

1 块根芹，去皮后切成大小相同的 8 片

4 根韭葱，修剪一下后捆在一起

法式芥末酱和小黄瓜备用

1 大匙粗海盐

2 块牛脸颊肉或者牛腩肉（大约 1.5 千克）

3 颗丁香

半段芹菜，带叶子

4 块牛肉汤粉块

1 个大欧洲萝卜（防风草根），去皮后切成厚片

1 个小皱叶甘蓝，切成大小相同的 8 份

8 颗小土豆

将牛棒骨放入一个瓷盆里，加入冷水，没过骨头，放盐。置于冰箱里一夜，或者至少 8 小时。

在大锅中加入至少 5 升冷水，煮沸后放入牛尾和牛脸颊肉、1 大汤匙（12 克）粗海盐、洋葱、3 颗丁香、香料包、芹菜、胡椒粒及牛肉汤粉块。文火炖，不盖锅盖，炖 4 小时。

每半小时撇一次浮沫，如果需要的话同时加入开水，以保持水盖过锅里的食材。

将洋葱和芹菜从肉汤中捞出扔掉，放入胡萝卜、欧洲萝卜（防风草根）、根芹、皱叶甘蓝和韭葱。炖煮 2 小时以上（总共 6 小时）。与此同时，将土豆另外用加盐的水煮熟，去皮后晾置。在这道蔬菜牛肉汤烹调结束前 30 分钟，将冷藏的牛棒骨洗干净，小心地放入肉汤，然后继续炖煮。

将肉和骨头倒入盘子中，盘子要深到能盛下少量的汤。将蔬菜倒入到另一个盘子中。配以粗海盐、芥末酱、小黄瓜食用，也可以再加酸辣调味酱食用。酱汁制法如下：

酸辣调味酱

1 杯（235 毫升）量

2 个煮老的鸡蛋

现磨黑胡椒粉少许

3 大汤匙（45 毫升）红酒醋

1 个冬葱，切碎

1 把欧芹，粗略切碎

细海盐少许

1 小匙（2.5 克）法式芥末酱

9 大汤匙（135 毫升）葵花籽油

4 根小黄瓜，切碎

6 个刺山柑

将蛋黄与蛋白分开。在一个中号碗内放入蛋黄，按口味加盐和胡椒粉，再加入芥末酱、红酒醋和葵花籽油，完全搅拌均匀。把蛋白粗略切碎后倒入该碗中，和冬葱、小黄瓜、欧芹以及刺山柑一起搅拌混合。

妈妈在林克贝克（1934 年）

茶外婆的咖喱：男爵夫人，她的母亲

我小时候对咖喱颇有顾虑，总认为那是大人们吃的东西，虽有益但繁复，最重要的是，吃咖喱会让小孩子们看起来年龄更小。此外，我们家总是配着酸辣酱和果酱鸡肉一起吃咖喱菜，仿佛是大人们特有的一种荒谬。

然而，妈妈却喜爱咖喱，我的外婆埃拉·范海姆斯特拉男爵夫人更甚。这东西是“舶来品”，这一点对她们来说至关重要，但我却不能完全理解。在与荷兰殖民地的贸易中，范海姆斯特拉家族赚取了巨额的利润，威廉明娜女王封我外婆的父亲为苏里南的总督。咖喱就像茶一样，成了家里的常用品。对我外婆来说，这两样东西都是对一个已经逝去，但无疑更美好的世界的一种回忆，在那个世界里，她可以带着超然的优越感俯视一切。

外婆在“和平之邸”一直住到 1984 年去世，在漫长的午餐时间里，她都会庄重地品尝咖喱菜肴。那是她一丝不苟坚持下来的一个习惯，就像她每天都要一个人喝茶一样，我也因此称她为茶外婆。

茶外婆在我们家里有属于自己的房间，里面也奉行不变的规则。她的卧室是一块独立的“飞地”，满眼都是小姑娘的粉红色，里面有香粉、水晶小瓶子以及仔细摆放的梳子。她有自己的生活节奏，但出于强烈的责任心，她从不会吝啬在女儿身上花费时间。自从她不得不独自抚养孩子以来，她就从没犹豫畏缩过。战争期

妈妈与外婆在伦敦（1949 年）

间，她回到自己的祖国避难，却正好撞上德国人入侵。那是一段艰难的岁月，男人们都不在身边。她的丈夫在英国，姐夫奥托被处决，大儿子亚历山大加入了地下组织参与暴动，二儿子伊恩被纳粹抓去送到柏林工厂里干活。为了和女儿度过兵荒马乱的岁月，我外婆用尽了一切方法，外婆的姐姐米斯叶也给予了小奥黛丽一部分母爱——她在自己的丈夫奥托被处决之后就和她们一起住了。

“和我母亲在一起——战时1942”，照片题字写于荷兰

战争一结束，恢复了活力的男爵夫人就开始帮助（当时有的人说是强迫）她女儿挖掘全部潜能，同时全力改善她们的生活。1948年，外婆和妈妈两人带了一百英镑，从荷兰搬到了伦敦。那些年，为了圆妈妈成为一个舞蹈演员的梦，外婆做过花卉商和美容师等各种各样的工作。即便如此，她也从没有动摇过哪怕一丁点儿她那深信不疑的观点——不同社会阶层之间是需要严格隔离的。

她自封为“监护人妈妈”，并毫不迁就地把这一角色贯彻到底，每次她觉得有必要时都会惩戒奥黛丽。可最终，妈妈还是不得不屈服于无法成为一名芭蕾舞独舞演员的事实，不过很快她就在音乐剧中得到了角色，诸如《鞑靼酱》和《开胃酱》。到1951年，她已经在几部欧洲电影和百老汇作品《金粉世界》中饰演过角色了，而且《金粉世界》成了她第一个真正的突破性作品。同时，她还在伦敦的松林制片厂试了镜，角色是威廉·惠勒执导的《罗马假日》中一个去外国访问的某虚设王国的公主。茶外婆觉得年轻的奥黛丽在那个“声名狼藉的圈子”里是需要道德指导的。

我以为自己知道关于这位“监护人妈妈”的所有事情，因为她就生活在我眼前，但外婆还是有她自己的秘密。她经常在国外，特别是曾在旧金山做过志愿者，照顾过从越南返回来的士兵。

除了酸辣酱，我外婆从国外回来时还会带着玩具，每一件都让我爱不释手。她会陪我坐在客厅沙发上，给我讲恐怖故事：有刺客、古怪神秘的宗教仪式、幽灵以及其他恐怖题材，以此打发悠长的午后时光。她经常鼓励我通过练胆来进行自我挑战，好像她是和我同龄的一个玩伴似的。她待人严苛，对我却是例外，这让我感觉很自豪。或许这位男爵夫人的内心深处藏着一颗假小子的心？

茶外婆在餐桌上十分讲究。尽管咖喱、咸酱和那些装调料的小瓶子总是搞得我一头雾水，可茶外婆依旧坚持着这种仪式，“你必须每样东西都吃，但又不能全部吃掉，总要留一点儿在盘子里”。那可憎的咖喱似乎是要把我排除在外，仅在外婆和妈妈之间建立起一种神秘而持久的契约。从我孩童时代起，咖喱就总能无意间引发小矛盾，我真是费了好一番工夫才理解并欣赏这千变万化的咖喱。

外婆和她的兄弟姐妹们在一根枯树干上。从左往右依次是：热拉尔，15岁；埃拉，13岁；威廉，4岁；朱诺德小姐；米斯叶，16岁；木匠米登道普（多伦庄园，1913年）

茶外婆的咖喱

4 人量

世界上没有两道一样的咖喱菜。其实，根本就没有所谓的“咖喱”这种东西，它是无数种印度香料以不同方式混合而成的调料，西方人用贫乏的想象力把它们概括为两大类：浓郁的和柔和的。在维多利亚时代，为了使印度次大陆浓郁的菜肴适应西方人口味，咖喱的制作工序已经被简化和改变了，因此，纯粹主义者可要原谅我们，我才能继续写下去。

香料应该在锅里，或者更确切地说应该在鸡汤里熬制。我们家里就是这种做法，它更耗时、更认真，也更有“殖民色彩”。不过咖喱鸡肉的食谱多种多样，其效果也往往出人意料，每个人都可以选择自己独特的方式来调和三种基本成分——鸡肉、米饭和调味品。

1 只整鸡

2 个胡萝卜，去皮

2 瓣大蒜，去皮

半个青苹果，切成丁

2 大汤匙（14 克）淡味咖喱

2 大汤匙（30 毫升）特级初榨橄榄油

2 杯（400 克）印度香米

1 棵丁香

2 个洋葱，去皮

1 根芹菜

半块鲜姜

2 大汤匙（14 克）重味咖喱

1 罐（400 毫升）不加糖椰子汁（也可以用希腊酸奶）

2 大汤匙印度酥油或者纯净黄油（28 克）（见“如何制作纯净黄油”）

建议的调料：

这份清单可以根据口味和厨师的想象进行调整。

香蕉，切成丁

腰果

黄瓜，切成细丝

葡萄干

糖渍柠檬

酸辣酱（杧果、酸橙等）

菠萝，切成丁

绿皮西葫芦，用沸水焯一下

准备鸡汤：把整只鸡、1 个洋葱、2 个胡萝卜、芹菜、蒜头、鲜姜、苹果、重味咖喱和淡味咖喱放入大锅内，加水没过食材，搅拌均匀。大火烧开，转至小火后炖至少 45 分钟。捞出鸡肉放置一边冷却。留出用于烹调米饭的 400 毫升肉汤放置一边。继续炖煮鸡肉汤和蔬菜 30 多分钟以减少汤汁。加入椰子汁再炖 30 分钟，直到汤汁浓缩成酱汁。把锅从炉上端走，用浸入式搅拌器将蔬菜打成菜泥。用手撕去鸡皮，将骨头和肉分开，骨头丢弃。然后把鸡肉重新放回锅内，轻轻搅拌直到热透；保持热度。

做米饭：将橄榄油和印度酥油倒入一口深平底锅内，稍微烘热一下米饭；把预留出来的肉汤浇入，没过米饭。用丁香将那颗剩下的洋葱穿孔，然后一起放入锅中央。盖上锅盖，小火烹制，直到米饭熟而有嚼头，用时大约 30 分钟。

上菜时将鸡肉和米饭分别盛在不同的盘子里。将几个盛有调料的小碗或杯子放置于盘子四周，供人们自取。

如何制作纯净黄油

把优质无盐黄油切成小块，置于双层蒸锅内化开（不需搅拌，热水浸泡即可）。用小匙撇去上面的浮沫。当明黄色的液体与白色沉淀物分离时从火上移开。将液体慢慢倒入耐高温容器中；倒掉沉淀物。除去杂质的黄油在冰箱中可以放置3个月之久。至于印度酥油，在绝大多数印度市场里都可以买到。

我外婆穿着泽兰省民族服饰（1913 年）

多丽丝·布林纳的咖喱

2 人量

多丽丝·布林纳是尤尔·布林纳的妻子，我妈妈最亲密的朋友之一，也是这几个好朋友中最喜欢做饭并乐于和我妈妈交换食谱的人。不过，她们两人的烹饪方式却反映出两种截然不同的个性。妈妈在厨房里几乎就像个书呆子，照着食谱一步一步仔细地来，多丽丝则会精简食谱，并做些小改变。在此我把她的一页短笺如实地整理出来，她的做法更快捷，就算某个下午她和妈妈突然有了宏伟计划，这份食谱也能用上。

1 块鸡胸

2 大汤匙特级初榨橄榄油

1 小匙（3 克）淡味咖喱

1 个胡萝卜，去皮后切成小块

1 大汤匙（20 克）杧果酸辣酱

少许椰子汁

1 杯面粉

1 杯鸡汤

1 小匙（3 克）重味咖喱

1 个洋葱，去皮后剁碎

半个苹果，去皮去核后切成薄片

把鸡肉切成小块，裹上面粉，油炸。当鸡块变成金褐色时，加鸡汤、2 小匙咖喱（1 匙淡味的，1 匙重味的）、1 个胡萝卜、1 个洋葱、1 汤匙酸辣酱、半个苹果、一点儿椰子汁。然后一直烹煮到鸡块变软就好啦！

烹饪建议

妈妈坚信，对任何一道菜来说，食物的色彩搭配都是最基本的要求。她会争辩说：“吃那种完全是白色的东西没什么意思，对你也没什么好处。”这是她不容置疑的逻辑。妈妈特别喜欢创造对比，她会用花椰菜或菠菜（先焯水后炒）和野苣的绿色来配咖喱的黄色，这些东西能够微妙地改善菜肴的味道却又不会掩盖香料的浓郁。我哥哥肖恩已经从她那里学到了这一手，会做出配着托斯卡纳羽衣甘蓝的咖喱菜肴。

my grandparents – while governor of Surinam

上左：妈妈的外祖父母——艾尔诺德·范海姆斯特拉男爵和艾尔布里格·范阿斯贝克男爵夫人在苏里南，我曾外祖父在那里担任总督（1924 年）

上右：多伦庄园，荷兰多伦市郊，靠近荷兰乌得勒支的一个小镇（1930 年）

中右：尤尔·布林纳、多丽丝·布林纳、诺埃尔·科沃德、我妈妈

下左：外婆和她的兄弟姐妹们的相片（29 页那张）背面题词

下右：范海姆斯特拉男爵在苏里南（20 世纪 20 年代）

From l. to r. on fallen tree at "Huis Doorn"

Gerd 15
Ella 13
Willem 4
Mlle Jornod
Miesje 16

Middendorp the house carpenter!

1946

巧克力蛋糕：在糖块里重获自由

面对现实吧，一块美味的奶油巧克力蛋糕对许多人都很有吸引力，我也不例外。

——奥黛丽·赫本

妈妈对巧克力非常着迷，一直都把它们放在触手可及的地方——客厅一个带抽屉的柜子里。一碰到这个甜蜜的诱惑，她作为舞者要遵守的纪律就总会（嗯，几乎总会）举起白旗投降。少女的时候，她有一次自豪地声称有了一点点进步："如果现在给我一盒美味的巧克力的话，我还能吃上一会儿，大概两小时吧，以前我都是一口气把它们吃光。"[7]随着岁月流逝，她变得节制了一些，但她从未放弃过晚上吃一小口巧克力。

巧克力有助于"驱除悲伤"，她解释说。为了缓减父母争吵带来的紧张，她就会吃"指甲、面包或巧克力"，从那时起巧克力就具有这样的效果。在那段妈妈和其他人一起挨饿的日子里，一个荷兰士兵递给她的七块巧克力带走了一切痛苦——她狼吞虎咽地吃完了巧克力，还有一顿人们用从新成立的联合国带回来的炼乳做的饭。解放带来的喜悦在那一刻留下了最为生动的记忆。

荷兰解放后一年，妈妈拍摄的首批照片之一（1946年）

她的厨房里有专门存放巧克力的地方。如果这本书里只能写两份食谱的话，那我一定会写番茄酱意大利面和巧克力蛋糕。这是她的主菜，而且她会不顾乔凡娜的反对亲自来做。乔凡娜是她的厨师，通常都是一个人独占着炉灶。在一些特殊场合，她总是会准备这道甜点，比如庆祝生日和我久别归家时。

不知什么原因，妈妈做的蛋糕总是到了第二天会更好吃。我经常偷偷溜入食品储藏间里去偷吃最后一块蛋糕，却发现已经有人捷足先登了。

如何搅打奶油

1 升新鲜多脂奶油　　　半杯（50 克）糖

奶油越凉越好吃，因此，在搅打奶油之前，要把多脂奶油、手持式搅拌器的搅拌装置和不锈钢大碗（陶瓷或塑料材质亦可）放进冰箱冷藏室里冷藏几分钟。准备搅打奶油时，再把冰凉的奶油和糖放入这个降过温的碗里。搅打奶油时要逐渐提高搅拌器的速度，但要在奶油变成黄油状之前停下来。“碗试验”是一种有效的检测方法：把碗倒过来，如果搅打过的奶油不往下滑动，就说明打好了。

配搅打奶油的巧克力蛋糕

8 寸或 9 寸（25 或 28 厘米），12 人量

这款无面粉蛋糕质薄且水分足，但会在表面形成一层薄外壳。端上来时，在上面撒上糖粉，并配以自制搅打奶油或者一小碟香草冰激凌。

300 克无糖黑巧克力，剁碎

1/4 杯（60 毫升）全脂奶（刚够软化巧克力）

120 克无盐黄油，切成小片，外加一些用于润滑

8 个鸡蛋，蛋黄和蛋清分开

1 杯（200 克）糖

用于烘盘的面粉

糖粉

将烤箱预热到 200℃。把黄油涂到一个 8 寸或 9 寸（25 或 28 厘米）的圆形烘盘里，再把面粉撒上去。

在双层蒸锅上用牛奶软化巧克力。加入黄油，搅拌至完全混合。关火，加入 8 个鸡蛋的蛋黄，搅拌均匀。另取一只碗，边搅打蛋清边慢慢往里加糖，一直搅打至干性发泡，然后轻轻拌入巧克力与蛋黄混合液中，最后倒入准备好的烘盘内。

在预热过的烤箱中烘烤 30 分钟。熄火，开门，让蛋糕在里面留几分钟（这样可以预防外壳破裂）。从烤箱中拿出蛋糕，冷却大约 10 分钟，然后从烘盘上取下。食用之前要完全冷却。撒上糖粉，配以搅打奶油或者香草冰激凌。

其他做法

多米的蛋糕

8 寸或 9 寸（25 或 28 厘米），12 人量

妈妈去世后，我想再尝一尝她这款蛋糕的心愿很长时间内都未能实现。一直以来，我都在寻找和妈妈做法相同的食谱，却根本找不到一模一样的，不是太松软就是太干。后来，大约是在妈妈去世十年后的某一天，我终于在罗马再次寻见了这一食谱。那是我第一次去一位年轻姑娘的家里，这个姑娘后来成了我的妻子。这款蛋糕是我现在的岳母贝贝拉和我妻子多米蒂拉的拿手菜，而且我妻子还创造出了个性化的、各式各样的做法。我妈妈的蛋糕和多米的蛋糕之间真正的不同在于巧克力软糖。

蛋糕

210 克无糖黑巧克力

6 大汤匙（90 克）无盐黄油，外加一些用于烘盘

3 个鸡蛋

180 克糖

3 大汤匙（25 克）面粉

翻糖

180 克无糖黑巧克力，剁碎

100 克无盐黄油

2 大汤匙（30 毫升）牛奶

（刚好熔化巧克力）

预热烤箱至 200℃。把黄油涂到一个 8 寸或 9 寸（25 或 28 厘米）的圆形烘盘里。

做蛋糕：切下 170 克巧克力，在双层蒸锅中用黄油将其熔化。取一个中号碗，放入鸡蛋和糖，轻轻搅拌，然后加入面粉和 3 大汤匙水，最后加入熔化的巧克力混合液。把剩下的巧克力切成薄片放入碗中。把碗里的食材倒在预热过的烘盘上，烘烤 20 ~ 30 分钟。

做翻糖：在双层蒸锅里熔化巧克力、黄油和牛奶。置于低火上，轻轻搅拌直到均匀融合。用一把刮铲将浓稠的拌合物抹在蛋糕上。室温下冷却 10 分钟，然后置于冰箱内让糖膏硬化。这款蛋糕卡路里很高，但人们很难抵挡它的诱惑。

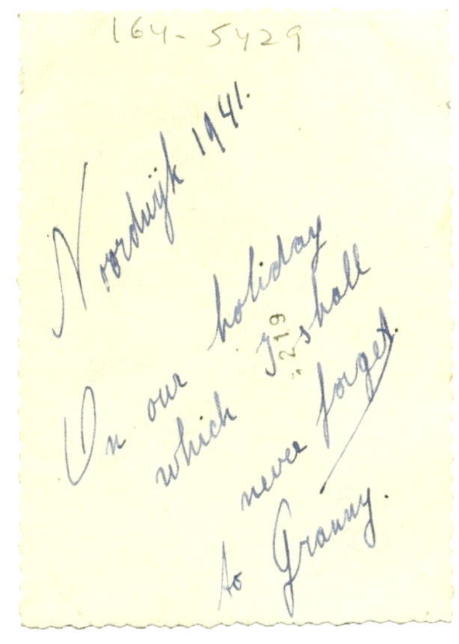

上左：妈妈在一张照片背面写的字，那张照片是妈妈最后一次去被占领的荷兰诺德韦克海难远足时拍的（诺德韦克，1941 年）

上右：从左往右是彼得·乌斯蒂诺夫，恩格拉西娅，和我妈妈在参加克里斯萨·罗斯在“和平之邸”的生日聚会（“和平之邸”）

中右：我的首个生日，和父母在一起（罗马，1971 年）

熔化巧克力

熔化巧克力操作起来并不复杂，但你必须遵循几条规则。最重要的就是巧克力绝不能直接加热。虽然有些人习惯使用微波炉，但熔化巧克力还是用双层蒸锅更好。巧克力熔化时的那种美妙气味会让人觉得整个努力的过程都非常值得，感觉像是即将到来的幸福在家里弥漫。

她总是吃同样的早餐：两个煮鸡蛋，从保健食品店买来的一块七谷全麦烤面包，三四杯加了热牛奶的咖啡。[8]

——《好管家》，1959 年

如果是她一个人吃早餐，那她就会在床上吃。我通常会准备一盘食物，里面有咖啡、牛奶、烤面包（有时候是五谷的）、她最喜欢的樱桃酱、奶油卷，我还总会奉上一枝从我们花园里采摘的小玫瑰。

——罗齐塔·奥鲁尼苏

妈妈和她的哥哥伊恩在罗马附近的一座别墅里，那是为她和梅尔·费勒的蜜月租的（1954 年）

2

好莱坞：

发现新地界

家里的早餐：按老规矩来

妈妈一直都起得很早。她在做演员时时常担心：“他们迟早都会发现自己选错人，然后送我回家的。”为了驱走内心的恐惧，她比别人起得都早，提前温习自己的台词。为了在拍摄现场表现得无可挑剔，气色饱满，没有一丝干扰到她笑容的消极念头，她不得不在早晨四五点就起床积蓄力量。

妈妈就像所有明智的家庭医生一样，相信吃一顿美味早餐所带来的好处。她从不会不吃早餐，即使在她每月一次的“排毒”日也不例外——那一天她只喝原味酸奶，吃苹果泥。从我小时候起，她就把黄油面包切成小片（她管那种法式细长面包叫“手指”），蘸着溏心鸡蛋吃。不管怎样，她的早餐给人留下的印象不只是长方形烤面包。

在她生命的最后几年里，早晨的空闲时间也是说体己话的时候。如果肖恩和我在“和平之邸”，那么我们就在厨房的储藏室里吃早餐。她会穿着睡袍下楼来，吃一块玛德琳蛋糕，喝一杯拿铁咖啡，然后，闲聊便会无意识地转为忏悔。一天，她艰难地告诉我她和我爸爸分开后的痛苦。于是，我明白了在早餐桌上才能更懂她。

为电影《双姝艳》排练（1951年）

但这个时间我们也并不总是在聊天。当旅行归来，或者星期天的时候（这一天对荷兰加尔文教徒比较特殊，他们会小小地奢侈一下，以示庆祝），她会在床上吃早餐。这样的早餐是她给自己的奖赏，如果盘子里装满了珍馐美味的话，那就更讨人喜欢了。比如放上自制玛德琳蛋糕、木梨果冻或者樱桃酱，配上烤面包、咖啡、牛奶、黄油、花园里采来的一小朵玫瑰，外加一份《国际先驱论坛报》。

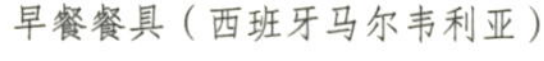

早餐餐具（西班牙马尔韦利亚）

Madelaines

4 uova

1/2 lb zucchero
mischiare bene
vaniglia

4 bianchi battuti

aggiungere
1/2 lb. burro

1/2 lb farina

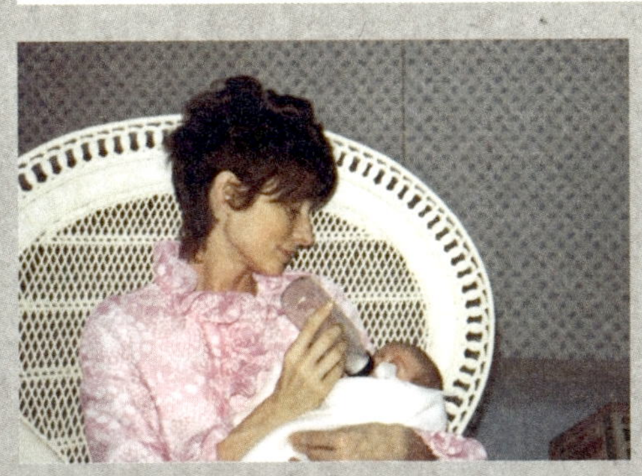

上左：自制玛德琳蛋糕的食谱
上右：爸爸和我（罗马，1970 年）
下左：妈妈在用奶瓶喂我（“和平之邸”，1970 年）
下右：战争期间妈妈在一个舞蹈表演会上表演（荷兰阿纳姆，1942 年）

玛德琳蛋糕

12 块

玛德琳蛋糕来源于法国。据一则浪漫故事讲，这款蛋糕是法王路易十五以它的创造者——一位来自科梅尔西的糕点主厨的名字命名的。后来，马塞尔·普鲁斯特又把这种点心提升到了文学殿堂的级别——当时，他蘸着自己的茶吃了一块玛德琳蛋糕，然后开始创作《追忆似水年华》。不过，妈妈做的玛德琳蛋糕并不正宗，显然是受到英格兰松饼的影响。

半杯（70 克）面粉，外加一些用于烘盘

1 小匙（5 克）酵母

2 大汤匙（30 毫升）牛奶

3 匙半（50 克）熔化的无盐黄油，外加一些用于烘盘

4 大汤匙（50 克）糖

1 个鸡蛋

12 杯的松饼烘盘，或 12 杯的玛德琳蛋糕烘盘

烤箱预热至 200℃。将垫纸放入松饼烘盘里，或者把黄油抹到玛德琳蛋糕烘盘里，再撒上面粉。

将面粉、糖和酵母在碗里搅拌均匀。将鸡蛋打入牛奶和熔化的黄油中，然后将它们倒入面粉混合食材中搅拌均匀。盖上保鲜膜，放到冰箱里冷藏 30 分钟。

将混合面糊倒入准备好的杯子或者模具中（如果用松饼烘盘，倒半满就行了）。烘烤约 20 分钟直到玛德琳蛋糕呈金褐色为止。将蛋糕脱模，冷却后食用。

其他做法

想给蛋糕换种风味的话，你可以把三分之一的面粉替换成等量的无糖可可粉，或者在混合面糊中加入一些巧克力片。

如何给瓶子消毒

将烤箱预热至 130℃。把清洗干净的瓶子和盖子放入烤箱中烘烤 20 分钟。关掉烤箱，让瓶子冷却。

木梨果冻

制作 3 瓶 275 毫升的果冻

1 千克木梨

1 个柠檬的汁液

3.5 杯（700 克）糖

木梨洗干净后切开，削去果皮上的绒毛，除去果核和果梗。将其放入一口锅中，以水没过（不超过 2 杯）。文火熬制，直到果实变软，这个过程大约需要 1 小时。随后将其倒入一个内衬有粗棉布的滤锅中，过滤布下面放一个碗接汁，在室温下过滤至少 8 小时甚至一晚上。将糖汁倒入一个中号深平底锅里，置于炉上，开低火。扔掉果肉残渣。在锅中加入柠檬汁，每夸脱（容量单位，约 1.14 升）糖汁要加入 3.5 杯糖，搅拌均匀。文火熬煮，糖汁收到果冻般黏稠时关火。最后将其置于消过毒的瓶子中（见“如何给瓶子消毒”）。

樱桃酱

4 杯

1 千克樱桃

1 个柠檬，去皮后榨汁

2.5 杯（500 克）糖

将樱桃洗净，除去果梗和果核后放入一个大盆中，加入柠檬皮、2 大汤匙柠檬汁以及糖（大约每 900 克水果用 2.5 杯糖），搅拌后冷藏一晚上。

次日早晨剔除柠檬皮，将樱桃和柠檬汁液倒入锅中，文火炖煮大约 1 小时，不时搅动，根据需要撇去浮沫，待其浓到果酱的黏稠度为止。黏稠度可以用碟子测试：将一点儿果酱放到冷的盘子上，然后倾斜盘子。如果果酱不滑下去，仍然保持原样，那么这个黏稠度达标。之后用蔬菜榨汁机将果酱搅打一遍，如果你喜欢更厚实黏稠的果酱，那么只需要将一半果酱放入其中搅打就行了。最后将果酱置入你消过毒的玻璃罐头瓶中，盖上瓶盖倒置（构建真空状态），直至完全冷却。果酱应直立放置在阴凉、避光、干燥的地方。

红鸡：比弗利山庄仙境

我们在洛杉矶时常常走路。我们常去威廉姆斯·索诺玛商店，奥黛丽特别喜欢这个满是厨房用品的地方。有一天我们去“蒂凡尼”拿她留下修理的一枚戒指，店员问她要身份证明，奥黛丽笑着说：“我的脸就是。”

——康妮·沃尔德

去加利福尼亚度假绝对很惬意。在洛杉矶，妈妈什么也不用想，一切都由她的朋友康妮张罗。罗伯特·瓦格纳跟我说：“奥黛丽在城里的时候，你要想见她就必须通过康妮，你妈妈为了和几个密友待在家里什么都愿意干。”

妈妈和罗伯特·沃尔德斯是在1980年康妮的一次传统“家宴”上认识的，当时在场的还有康妮的儿子们、我哥哥肖恩，以及那儿的常客威廉·惠勒和比利·怀尔德。1992年深秋，妈妈从洛杉矶的赛达斯－西奈医院出院，她在康妮家里再次感受到了舒适和自在，随后，她最后一次飞回自己的家——“和平之邸”。

康妮对一切都很擅长，包括亲切地逗弄一个罗马孩子。她叫我“che dice，che dice”（“她说什么，她说什么”），这是我当时不断重复的一个词，渴望有人能帮我翻译一下。我小时候一句英语都不会讲，偶尔还会引起误解。我记得在妈妈和爸爸分开时，乔瓦尼·阿涅利曾用英语问我打算怎么应对这种局面。这位“律师”

比弗利山庄康妮·沃尔德的家里，妈妈在用相机拍照（1984年）

妈妈和我在康妮的家里（1979年）

（他这个称号众所周知）是意大利最有权势家族的掌门人，他们家族创建并执掌菲亚特集团。而我当时只能回答："对不起，我听不懂。"没想到他却把我当成一个出色的外交人员了，因为在他看来，"奥黛丽的儿子"不会说英语实在不可能。

但事实上我真的一点儿都不懂英语，因为在家里我们讲的是一种只有我们自己才懂的意大利语和法语混杂的语言。不过在洛杉矶这并不会引起任何问题，因为在那里有每天早上播放的彩色动画片、一步之遥的迪士尼乐园，和我在罗马时只能想象的神奇玩具，简直就是我的仙境。但好莱坞给我的印象却很模糊，而且不是很吸引人。可能哥哥会对我说："看哪，吉米·史都华今天要来参加晚宴！"但我连他是谁都不知道。

尽管如此，三月下旬的一天晚上我还是有点儿烦恼，那天除了我之外，每个人都准备去参加奥斯卡颁奖典礼。那是1976年，妈妈要到多萝西·钱德勒剧院颁发奥斯卡最佳影片奖的小金人。那年的获奖影片是《飞越疯人院》，这部片子获奖时妈妈特别高兴，因为该片的制片人是迈克尔·道格拉斯，在他还是个年轻小伙子的时候妈妈就认识他了。

现在回过头来想，去那儿无疑是值得的，然而当时的我却很纠结：我一方面想拥有那种不用穿西服扎领带的轻松（和所有六岁的男孩儿一样，我很讨厌这样穿戴），另一方面又很羡慕那种我当时难以理解的兴奋气氛。

对我来说，加利福尼亚不可错过的大事却在别处：去户外，在明媚的阳光下散步，然后回家，在放映室和厨房里晃来晃去。康妮教会了我如何不浪费水和洗涤剂来洗餐具，她还常在厨房烹饪特色菜，像是意大利笔管面、苹果布丁，以及这道绝妙的"红鸡"。时至今日，我一想到这些菜就会回忆起那难忘的假日。

上左：妈妈和康妮·沃尔德、比利及奥黛丽·怀尔德的合影(1991 年)
上右：妈妈和康妮的哥哥巴伦·波朗的合影（1979 年）
中左：妈妈与康妮的大儿子安德鲁在一起（1978 年）
中中：一次晚间外出之前，妈妈在康妮家“传统”的楼梯上的快照（1984 年）
中右：妈妈与“罗宾汉”在一起（迪士尼乐园，1979 年）
下左： 爸爸、妈妈和康妮在一起
下中：妈妈与比利·怀尔德导演、查尔斯·基沃维茨博士在一起（1983 年）
下右：妈妈与康妮在一起（1979 年）

红鸡

6 人量

贺年卡上印制的康妮·沃尔德在比弗利山庄的家

番茄越好，“红鸡”的味道就会越好。做意式酱最好的番茄当属来自坎帕尼亚的长圆而微甜的圣马尔扎诺品种。你家附近的超市里就可以买到各种品牌的罐装圣马尔扎诺番茄，不过，如果你想要质量更有保证的话，就选择标有“DOP”（原产地名称保护认证）的意大利产品。

特级初榨橄榄油

1 个洋葱，去皮后切碎

800 克去皮整番茄，最好是圣马尔扎诺地区的

1 杯（240 毫升）干味美思酒

现磨黑胡椒

3 个红辣椒，切碎

4 块去骨、无皮鸡胸肉

盐少许

干罗勒叶

在一个中号的深平底锅中倒入橄榄油，将火调至中高，翻炒切碎的洋葱，然后加入红辣椒和罐装番茄，搅拌，煮至沸腾；调低火候，以文火炖煮，偶尔搅拌，大约持续 15 分钟。待酱汁冷却后将鸡胸放入其中。盖上盖子放到冰箱中，腌制大约 8 小时。

将烤箱预热到 180℃。

舀两满勺酱汁铺到中号烘盘底部（弃置剩余的酱汁），然后放入鸡胸，将味美思酒淋到鸡肉上，用盐、胡椒和一小撮罗勒叶调味。用铝箔盖上烤制 1 小时。

其他做法

比萨式肉排

从泰国菜（在那里人们用椰子汁使火辣的咖喱变得温和一些）到墨西哥红鸡那恶魔般的红辣椒，在几乎全世界所有的烹饪传统中，“红”都意味着辛辣。但在意大利不存在这回事，那不勒斯比萨式肉排是一道孩子们也特别喜爱的菜（对罗伯特也一样，他热爱这道菜）。妈妈做那不勒斯比萨式肉排很熟练，且经常用鸡胸代替传统的牛肉。

在一口大号炒锅中倒入少许橄榄油，置于中高火上。放入去皮的蒜瓣炸至金黄，加入 400 克罐装去皮整番茄、1 小匙干牛至粉、1 把切碎的鲜欧芹、1 小撮盐。炒几分钟以收汁。加入 450 克小牛肉或薄片牛肉。盖锅盖，转至小火，炖十分钟，其间搅拌一次肉。如果酱汁做得很棒，就一点儿都不要浪费，用面包蘸着大快朵颐，盘子里一点儿都不要留。

从左到右依次为厄尔·麦克格拉斯、安德鲁·沃尔德、苏珊·沃尔德、我、罗伯特、康妮和我妈妈

NICHOLAS
AND

意大利笔管面：另一个家

她和我们在一起时我们总要吃这道主食。我们通常在厨房里吃正餐，先是意面，然后是巧克力棉花糖……奥黛丽把我们在比弗利山庄的家当作她的另一个家。她在买了瑞士托洛彻纳茨的房子后，还让我们的建筑师来给她设计。

——康妮·沃尔德

我熟悉的这个奥黛丽·赫本住得离好莱坞很远。她是在洛杉矶时才第一次拥有了属于自己的小房子，远离了她母亲的监视。当时她在城里拍摄《龙凤配》（1954年），在威尔夏大道以每月120美元的价格租下了一套小公寓。她说："最令人喜悦的就是，一打开房门就可以发现街上的商店在下午派送的唱片。我会穿上舒适的旧衣服，一边做饭一边听新的音乐。"[9]

那必定是她真正热爱的一处居所。我记得她来看我在罗马租住的一处狭窄的底楼公寓时明显很动容，她跟我说："你永远也不会忘记这段日子的。"我猜当年的她就是这样，但她并不真正觉得洛杉矶市内有哪处地方是属于她的，直到她来到康妮·沃尔德的家，她的另一个家。

安德鲁和我妈妈在比弗利山庄沃尔德的室外

康妮是妈妈最亲密的两个朋友之一，另一个是多丽丝·布林纳，她喜欢和她们一起做饭。康妮那时已嫁给了著名制片人杰瑞·沃尔德，当时电影业虽然兴盛，但她说好莱坞“就是一个寂静的小城……人们必须一大清早就到工作室。星期六晚上是你唯一能设宴招待朋友的时间。”[10]康妮家有最好的晚宴，20世纪40年代时，你可能会在她家遇见克拉克·盖博、琼·克劳馥，20年后，则可能会遇见比利·怀尔德和威廉·惠勒等人。当时我还只有五六岁，不过也开始参加晚宴了。

妈妈和康妮在比弗利山庄住宅的室外

在康妮家里，妈妈能和她的朋友们聚在厨房闲聊好几小时，互换食谱。这些食谱中最美味的要数笔管面了，根据某种虚构大于事实的说法，在好莱坞的黄金年代，与搬到比弗利山庄寻求发展的初生电影业同时出现的就是这种面。

是一群意大利人帮助建造了那个电影世界。那些化妆师、摄影师、服装设计师和其他富有想象力的工匠到现在都还在那里。笔管面的出现可能也要归功于特效指导（据说如此）。为了使演员的创伤看起来更逼真（通过摄影机看时更明显），他们用伏特加来稀释番茄酱；在片场拍摄的间歇，他们就用剩下的“血”来调制意大利面。

这是我们愿意相信的一个版本，但这道食物的起源还有其他版本。考虑到这是一个严肃且相当有争议的问题，还是简短解释一下为好。意大利博洛尼亚一家名为“大但丁”的餐馆声称这道面食是他们发明的。还有一种说法：一位叫路易吉·弗兰泽塞的意大利裔美国厨师给这种食品取名为“俄罗斯笔管面”（因为用的是伏特加），并在奥尔西尼餐厅首次做出了它（就是杰奎琳·肯尼迪和小萨米·戴维斯常常光顾的那家餐厅）。另外还有可能是“鼠帮乐队”把这道食谱从东海岸带到西海岸的。

不管怎样，笔管面反正是走上了洛杉矶斯帕戈餐厅的餐桌（这是妈妈最爱的餐厅之一，另一家是哈姆雷特汉堡餐厅）。斯帕戈餐厅是实践加利福尼亚式烹饪的先行者，也是在这座城市举行庆祝活动的首选地之一，欧文·保罗·“斯威夫蒂”·雷泽就曾在那里举办过任何人都不愿错过的奥斯卡颁奖礼庆功派对。最早的那家斯帕戈餐厅曾是好莱坞的根据地，不过现在已经关门了，如今明星们都聚集到比弗利山庄的那一家了。

那些年来，无论是在斯帕戈餐厅、康妮家里还是其他地方，一个快乐的夜晚是不可能缺少意大利笔管面的。不过后来这道面食却失宠了，也许是牺牲在健康狂热者的偏见之下吧：原来的食谱中要用到大量的奶油和伏特加酒，而这两样正是那些人所反对的东西。但是，现在回过头来重新去了解这种有点儿过时的口味也是很值得的，哪怕仅仅只是了解一下。

妈妈和“著名先生”在比弗利山庄

意大利笔管面

orsini's

4 人量

1/3 个洋葱或半个冬葱，去皮后切碎

5.5 大汤匙（80 克）无盐黄油

半杯（120 毫升）优质俄罗斯伏特加酒

粗海盐少许

30 克帕玛森干酪，磨成粉状

1 撮碎红辣椒片

1 杯（230 克）番茄泥

半杯（120 毫升）多脂奶油

500 克意大利无纹笔管面

开中火，在一口大号煎锅内用黄油炒洋葱和辣椒片。加入番茄泥，转至小火，炖几分钟后，加入伏特加酒并搅拌。熬制 15 分钟后加入奶油。其间，在另一口大锅内烧开水，加一把海盐后放入意面，煮至熟而有嚼劲的硬度后用漏勺捞起来，倒入酱汁中。转至大火熬煮 1 分钟，同时轻轻搅动至酱汁完全包裹住面条。最后撒上帕玛森干酪就可以开吃了。

其他做法

你可以把这个菜做得清淡些，用橄榄油代替黄油，再把奶油用量减少一半就行了，也可以试试下面两种让酱汁更浓一些的做法。

意大利笔管面配咸肉：

将一块意大利咸肉切碎，和黄油、洋葱、辣椒片一起翻炒。继续笔管面食谱余下的步骤。

意大利笔管面配烟熏鲑鱼：

将薄烟熏鲑鱼片加黄油、切碎的洋葱和半杯伏特加酒快速翻炒。让酒精挥发掉后加入奶油。

上左：妈妈和《女主人完美食谱》的作者米尔德丽德·克诺夫的合影（康妮家中）
上右：妈妈和米尔德丽德以及埃德温·H. 克诺夫在比弗利山庄
中左：妈妈和安德鲁·沃尔德在一起，还有他的拿手菜——味美思酒鲑鱼
中右：妈妈和罗基·库珀在一起，她是演员加里·库珀的妻子（1961 年）
下右：米尔德丽德·克诺夫送给妈妈的书《女主人完美食谱》上的题词

to

Audrey Hepburn Ferrer -
not only because she is
making my dear friend
Mel so happy,

not only because she
has given me so much
joy as an artist,
but because she is
just, as herself, a
rare and lovely
human being.

Devotedly,

Mildred O. Knopf

马苏里拉奶酪：第二天的窘境

妈妈对待马苏里拉奶酪的认真程度不亚于真正的意大利人，她懂得奶牛奶酪(fiordilatte)和水牛奶酪(bufala)的区别，也知道蛋型和辫子型的区别。她喜欢水牛奶酪，因为水牛奶酪口感更正宗。最重要的是，她知道如何区分真正的马苏里拉奶酪和世界各地数不清的仿制品。在罗马，她只信任两个地方：科里纳大街上历史悠久的“安东尼奥·米克奇（Antonio Micocci）乳制品奶酪店”和帕里奥利大街上的“加戈尼（Gargani）熟食店”。这两家店离我们家都不远，她会派乔凡娜[1]过去打听价格。

高品质的马苏里拉奶酪必须趁新鲜享用，你可以在做出来的当天直接吃掉，或者配上番茄做成“卡普里风格”，这是妈妈为她的朋友露西娅·桑贾斯特创造的一种三色做法（三种颜色，像意大利国旗）。

露西娅常被朋友们叫作西娅，她是一个瘦小又弱不禁风的女人。当她决定开始做葡萄酒的时候，她的朋友们，包括我爸爸，都以一种开心的、典型的罗马人风格取笑她。更何况在当时，意大利还没有被当今这种家族酒庄产酒的潮流所裹挟，因此，在缺乏一名可靠酿酒师的情况下，她这个选择似乎很鲁莽。

妈妈在罗马郊外的罗利别墅

① 她家的厨师。

西娅决定在投产第一批酒的同时出版一本食谱书，由她最有名的一些朋友来写。妈妈给传统的意大利卡普里沙拉引入了一种外来新花样，用鳄梨的绿色来搭配番茄的红色和马苏里拉奶酪的白色。这是一个很有创造力的革新，因为鳄梨可以消减西红柿的酸度，还像马苏里拉奶酪那般呈乳脂状。

后来西娅的酒真的做出来了，而且从那时起，她的“特里尼（Torrione）”和“加拉托纳（Galatrone）”品牌就垄断了每年一度的奖项，还获得了最严格的葡萄酒酿制术专家给予的最高分。她的皮特罗酒庄就位于基安蒂地区朝向瓦尔达诺·阿雷蒂诺（Valdarno Aretino）斜向下的山坡上，后来这里成了英国超级名厨杰米·奥利弗的意大利运营总部。

三色卡普里沙拉

4 人量

这道餐前开胃小菜是妈妈的拿手菜之一。

500 克马苏里拉水牛奶酪，切成 0.6 厘米左右的薄片

1 个成熟鳄梨，除去果核，去皮，切成 0.6 厘米左右的薄片

2 个成熟的大番茄，切成 0.6 厘米左右的薄片

用于淋洒的特级初榨橄榄油

用于淋洒的意大利香醋

细海盐少许

1 把罗勒叶，撕碎

把马苏里拉奶酪片、鳄梨片和西红柿片交错摆放在盘子里。淋上橄榄油和意大利香醋，撒上盐和罗勒叶。

妈妈和伊恩舅舅在罗利别墅一起度过下午时光（1954 年）

酥炸奶酪三明治

4 人量

跟所有意大利小孩一样，我也很喜欢油炸奶酪三明治，喜欢看奶酪拉丝缠绕在叉子上的样子。

2 杯用于烹炸的橄榄油

450 克马苏里拉奶酪，切成薄片

2 个鸡蛋

1/4 小匙细海盐

8 片三明治白面包，去掉面包皮

2 块油腌浸的凤尾鱼片

半杯（120 毫升）牛奶

半杯（70 克）中筋面粉

在煎锅内倒入橄榄油，以中火加热到 180℃。把马苏里拉奶酪和一半的凤尾鱼片分别放到 4 片面包上，然后把剩下的面包片盖到上面。如果马苏里拉奶酪溢出来，就去掉多余的部分。在一只碗内打入蛋液，倒入牛奶和盐，搅拌均匀。先小心地在三明治上滚上面粉，再放到搅打过的鸡蛋牛奶混合液中浸一下。把每一个三明治放到油里炸，不断翻转直到其变为金褐色。

鸡蛋奶酪

1 人量

当妈妈一个人且没有太多时间时，她就会为自己做这道方便主食（只需要几分钟即可）。她通常会用一份蔬菜拼盘来做配菜。

用于涂抹的无盐黄油

1 片室温下的马苏里拉奶酪

1 个鸡蛋

预热烤箱至 180℃。用黄油涂抹烘盘（微型隔热盘）。将一个鸡蛋打入准备好的烘盘内，上面放一片马苏里拉奶酪。把烘盘放入一个大一点儿的装有少许水的盘子内，以防鸡蛋烘烤过度。置入烤箱内烘烤，直到马苏里拉奶酪融化。

如何选择马苏里拉奶酪并使其保持其新鲜

在电影《贫穷和尊贵》（1954 年）中，那位那不勒斯喜剧名演员托托对派去市场上买马苏里拉奶酪的朋友说："抓起奶酪来捏，如果能挤出水来就买，没有就放下。"

现在很难找出一个店主允许你这样干。但某些标准还是要遵守的，我妈妈就是这样，她对其他食品有多变通，对马苏里拉奶酪就有多严格。

首先应该区分马苏里拉水牛奶酪和奶牛奶酪，前者是由水牛（意大利地中海水牛）的奶制成的，而后者是由普通奶牛的奶制成的。马苏里拉水牛奶酪是最有营养价值的奶酪，它产于意大利坎帕尼亚区，特别是卡塞塔省、萨莱米省、南方的拉齐奥区、普利亚区和莫利塞区的部分地区。DOP 认证保证了马苏里拉奶酪的来源和品质。马苏里拉水牛奶酪应该保存在水牛奶原液中，储藏环境要凉爽但不能太冷，绝不能低于 5℃。除非是夏季，否则最好不要冷冻。如果在冰箱中放过，吃时要先对保存它的水牛奶加温，然后再将奶酪放入加热过的水牛奶中 5 分钟。

奶牛奶酪比水牛奶酪更干一些，因而更适合烹饪，可用于制作酥炸奶酪三明治、鸡蛋奶酪和比萨。

马苏里拉奶酪可以做成多种形状——圆形、椭圆形、花结形、辫子形、小樱桃形等等，重量可以在 1 盎司（约 28 克）到 4 ~ 6 磅（约 1.8 ~ 2.7 千克）之间变化。马苏里拉奶酪也可以熏制，这种情况下，它和另一种广受欢迎的意大利菠萝伏洛奶酪（provola）有些类似。最后还有布拉塔奶酪（burrata），这是普利亚地区的一种特产，它比马苏里拉奶酪更有奶油味，因为这种奶酪是由鲜奶油和几块制作干酪用的凝块制成的。

西班牙番茄冷汤和西班牙土豆蛋饼：首次和妈妈在片场

恩格拉西娅挺像西班牙大导演路易斯·布努埃尔执导的一部电影里的角色 。她在挺过一场大病之后，六岁时才开始走路。在我童年的记忆中，她痊愈的故事还颇有些传奇色彩。那时神父来探望她，在她手掌上画了一个庄严的十字，就像是驱邪除魔似的，然后她就站起来了。

恩格拉西娅是20世纪60年代中期到我妈妈家里工作的，大概是妈妈第一任丈夫的朋友介绍来的。我妈妈第一任丈夫梅尔·费勒的爸爸是一名西班牙裔古巴外科医生。梅尔·费勒在西班牙马尔韦利亚有一处房产，他常跟西班牙艺术界及文化圈的人混在一起，如西班牙斗牛士路易斯·米格尔·多明吉恩和墨西哥画家鲁菲诺·塔马约等。

恩格拉西娅和我妈妈的长期厨师乔凡娜·奥鲁内苏是完全相反的两个人；乔凡娜健谈，易激动，依赖我妈妈；恩格拉西娅则严厉、守旧，而且非常独立。生活中她有着非凡的观察力，任何事物只要看一眼就能了解。我还记得在我心情不好的日子里，恩格拉西娅总会在乔凡娜没完没了地问我问题之前就堵住她的嘴："让他一个人待一会儿吧，你没看到他和女朋友吵架了吗？"

恩格拉西娅在我妈妈面前毫不畏缩，她有自己的一套生活方式。另外，她不允许任何不尊重的行为出现。我可以取笑乔凡娜，但如果我惹恼了恩格拉西娅的话，她就会指着我的喉咙说："再

穿着全套骑马装的妈妈（西班牙，1965年4月27日）

恩格拉西娅和妈妈宠爱的杰克拉塞尔梗犬“潘妮”

这样我就叫我哥哥从托莱多来，他有把这么大的刀。”

她到妈妈这儿来是做管家的，但她本人同时也是一个技艺精湛的裁缝，不管是什么料子，也不管有多大的口子，她都能用一种传统的技术将它缝补起来，不留下一丁点儿痕迹。

她也会到厨房里帮忙。恩格拉西娅喜欢吃鱼头鱼尾，包括鱼眼睛，她相信这些是最有营养的部位。不过厨房可是乔凡娜的地盘，即便妈妈在那里也很难坚持己见，所以，恩格拉西娅在厨房里行事很小心，以便不触怒那位大厨。

但乔凡娜不在的时候，恩格拉西娅就会奉上两道传统西班牙菜肴：可应付任何场合的美味土豆洋葱蛋饼，以及夏季里农民们的传统菜肴——西班牙番茄冷汤。

在1975年那个炙热的夏天，妈妈第一次带我去片场的时候，我们也喝上了这种汤。我们当时在潘普洛纳的郊外，那是西班牙北部的一个城市，欧内斯特·海明威在他的第一部小说《太阳照常升起》中生动地描述过的“奔牛节”背景地就是那里。

之所以选择那个地方做外景地拍摄《罗宾汉与玛莉安》（1976年），是因为那里容易让人想起舍伍德森林，不过我们却赶上了一个当地诺丁汉郡居民们也嫌太热的夏天。我对那时的记忆似乎有些荒诞，好像鸟儿都精疲力竭地纷纷从树枝上掉落下来。不过没什么能遏制我的兴奋和激动。

我当时五岁，在那之前，我觉得妈妈和“詹姆斯·邦德”一起演戏真是“酷毙了”。不过等我到了片场，我却感到万分惊讶：为什么是肖恩·康纳利站在妈妈身边，而不是爸爸，这才更符合常理啊。我给自己的答案是：因为爸爸没有一套合身的西服。

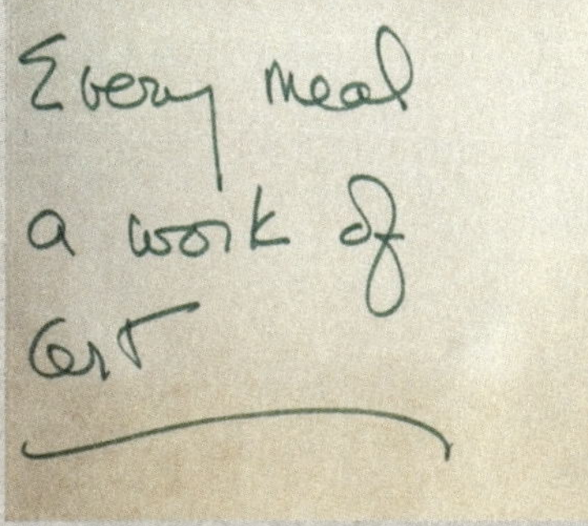

上：妈妈和不认识的小孩们（西班牙，20 世纪 60 年代）
下：恩格拉西娅给康妮端来“蒂娜”店的著名冰激凌（“和平之邸”）

西班牙番茄冷汤

4 人量

1 杯（200 克）变硬的白面包，剥去面包皮，切成小丁

半杯（120 毫升）西班牙雪利醋

1 千克熟透了的番茄，去皮、去籽后切成细丁（参见下面的“如何给西红柿去皮”）

4 汤匙（60 毫升）特级初榨橄榄油

细海盐少许

塔巴斯科辣酱少许

半个青椒，去籽后切碎

1 根黄瓜，去籽后切碎

半个红洋葱，去皮后细细切碎

1 瓣大蒜，切成末

配如下佐料：

青椒片

面包屑

切成丁的黄瓜

煮老的鸡蛋

切成薄片的洋葱

西红柿片

将面包在雪利醋里浸泡软，挤出多余的醋，留置备用。将切成丁的西红柿放入搅拌器内打成泥。加入橄榄油，用盐和塔巴斯科辣酱调味，然后搅拌。加入青椒、黄瓜、洋葱、大蒜和备用的面包，将其搅拌至浓汤一般的黏稠度。

将浓汤放入盖碗中冷冻数小时。要在番茄冷汤快结冰时取出，再加少许小冰块分盛在每个食客的碗里端上来。汤碗周围放置几个小杯子，里面盛放各种佐料。用汤匙从汤碗中舀着喝汤，也可以将其倒入玻璃杯或茶杯里，作为一种独特的餐前开胃饮品。如果你喜欢更多汁的话可以多加些冰块。

如何给西红柿去皮

要轻松地剥掉西红柿的皮，需把西红柿投入煮开的盐水中，时间要短，不超过一分钟。沥干水分，让其冷却，然后用手撕去外皮。

西班牙土豆蛋饼

4 人量

2 大汤匙（30 毫升）特级初榨橄榄油，额外留出一些备用

3 个大土豆，削皮后切成薄片

细海盐

4 个鸡蛋，打匀

1 个白洋葱，去皮后切碎

切碎的牛至、细香葱、百里香、罗勒叶

在大煎锅中放入 2 大汤匙橄榄油，以中高火加热。加入土豆和洋葱，翻炒 15 分钟，转小火，炒到土豆和洋葱发软。

用漏勺将土豆、洋葱移至一个碗里并加入盐调味。倒一点儿橄榄油到不粘锅中，以小火加热。将上述混合香草叶拌入打匀的鸡蛋中，倒入土豆、洋葱里，搅拌均匀。将混合食材倒入不粘锅内，在炉上轻晃锅具，勿使煎蛋饼粘到煎锅底部。当蛋饼凝固时，用另一个盘子盖住它，然后快速将它翻入盘中。在锅内淋几滴橄榄油，将饼滑回锅内，煎炸另一面，煎到你想要的程度。蛋饼可以趁热端上来，但在室温下口感最佳。作为一顿夏日的午餐，推荐在吃过番茄冷汤之后食用。

其他做法

上面是传统的做法。这里还有另一种烹饪土豆的方法：把土豆切成小丁，而不是薄片，加入洋葱，用比炒土豆片少一些的油进行翻炒，加入水（或者菜汤），半没过锅里的食材。煮至土豆和洋葱变软，如果有必要，倒出多余的汁水。土豆和洋葱做好后，继续该食谱的其余步骤。这个做法能使土豆更快变软，而且因为使用了更少的油，还会更清淡些。

烹饪建议

在这顿西班牙式午餐的最后，来几片西班牙黑脚猪火腿（手工精细切成片）、几片西班牙口利左香肠和一根加了红辣椒粉的意大利腊肠会很棒的。

“你知道一块砖砸到头上是什么感觉吗？”

——妈妈，在认识我爸爸时

父母在“锡耶纳广场”马术比赛上（罗马，1969年）

3

罗马：

妻子与母亲

土耳其风味海鲈鱼：爱上我父亲

真正的土耳其乐事。

——托尼·柯蒂斯

餐馆棒极了！很好很地道！谢谢你们！

——罗伯特·德尼罗

谢谢你们。

——奥黛丽·赫本伊斯坦布尔潘代利餐厅墙上照片的题词

我第一次去潘代利餐厅是和一个土耳其朋友去的，他特别想让我看看坐落在伊斯坦布尔香料市场中心的这家老餐厅。你只需要爬几级台阶就能找到这个代表着烹饪传奇的最新前哨，从那里可以眺望金角湾和博斯普鲁斯海峡。

19 世纪末，潘代利·乔班奥卢从安纳托利亚的一个村子来到了这座城市。他能做其他人都做不出来的美味肉丸，于是便在一个蜡烛仓库里开起了他的第一家餐馆。在尚属于奥斯曼帝国时代的 1901 年，穆斯塔法·凯末尔·阿塔蒂尔克这位现代土耳其的缔造者还来过这里，而这仅仅是这家餐馆曲折路程的开始。从

妈妈在“卡利斯托号”外面游泳，这是保罗－安尼克与奥林匹亚·托洛尼娅·韦耶的游艇（土耳其，1968 年）

那时起，到处搬家的潘代利餐馆陆续迎来了数不清的大大小小的名流来宾。

类似于葡萄牙花砖的伊兹尼克瓷砖贴满了这家餐厅的整个墙壁,上面还有一张我父母的照片——这是他们早年的一张合影。

我父母在“卡利斯托号”游艇上(土耳其,1968年)

我第一次去那儿时都没注意到，后来爸爸的一位朋友把它寄给了我。

照片上妈妈在笑，爸爸正在凝神研究菜单。他们会点些什么呢？我猜他是在纠结是不是还点经典菜纸包烤海鲈鱼；而她则更有新意，会点酸奶配烤肉串。

我是最近才拿到这张照片的，但时间刚刚好，因为之前我未必能理解它。那段时间我刚好又发现了爸爸在乘船航游时拍摄的一组照片，他就是在那艘船上遇见妈妈的。用爸爸的话说，他们相爱在“以弗所和雅典之间”。

那是1968年夏季，妈妈和梅尔·费勒已经分开一年，我哥哥跟他父亲住在马尔韦利亚。我妈妈的朋友多丽丝·布林纳劝说她接受邀请，和朋友们一起去乘船旅游，于是他们登上了保罗-安尼克·韦耶与奥林匹亚·托洛尼娅的船——“卡利斯托号”。保罗-安尼克的父亲就是“指挥官”保罗-路易·韦耶，一个带有英雄色彩的工业家，葛丽泰·嘉宝曾称他为“保罗-路易十四”，开玩笑地把他比作法国国王路易十四。保罗-安尼克本身是一个特别成功的国际富商，他娶了西班牙国王阿方索十三世的孙女、我爸爸最好的朋友之一——奥林匹亚·托洛尼亚娅。保罗-安尼克和奥林匹亚是不多见的既幸福又有教养的一对，他们也邀请我爸爸上了“卡利斯托号”，而这便成了命中注定的一次航游。这个刚刚三十岁的小伙子坠入了爱河，以至于一回到意大利，他不是像平时那样戏谑地炫耀，而是让他的朋友桑德罗·“巴博”·杜尔索把他家在阿玛菲海岸的别墅借给自己用，但他却不肯透露这个迷住他的女人的名字。

“巴博”和他儿子马里奥不肯放弃，他们不停地打电话过来，想从管家那里套出点儿消息，管家告诉他们：“这个人你们经常能见到，应该对她很熟悉，但我忘了她叫什么名字了，她是个外国人。”这个谜无法破解，因为那位管家虽然认出了妈妈，但她没有反应过来：她只是在电影里见过妈妈，并没有见过她本人。

这个秘密也并没有维持多久，妈妈是那种一旦恋爱了就不会浪费一点儿时间的人。1954 年，《罗马假日》在伦敦首次公映时，格列高里·派克把她介绍给了梅尔·费勒，5 个月后他们就结婚了。这次和爸爸谈恋爱的速度也差不多：夏季在土耳其相遇，于海上闪电恋爱，一个月后在瑞士结婚，第二年就生下了我。

左：“卡利斯托号”船外，妈妈和一个朋友游完泳后（土耳其，1968 年）
右：意大利阿玛菲海岸杜尔索的家，爸爸给妈妈拍的照片（1968 年）

潘代利餐厅的纸包烤海鲈鱼

4 人量

20 个樱桃番茄，每个切成 4 块

1 个中等冬葱，切碎

几枝新鲜欧芹和罗勒叶，切碎

8 枝新鲜百里香

4 个土豆，煮熟，去皮，切成 1.2 厘米左右的圆片

4 块海鲈鱼无骨鱼片，总共大约 1 千克

用于调味的海盐少许

现磨黑胡椒少许

预热烤箱至 220℃。

将樱桃番茄、冬葱、欧芹、罗勒叶混合起来。准备 8 张铝箔纸，铺开 4 张，每张铺上土豆片和百里香枝叶做底，在土豆片和百里香上面放海鲈鱼鱼片，然后在每块鱼片上撒盐、胡椒以及切碎的番茄混合料。用剩下的铝箔纸将“纸盒”包起来，小心地将其封牢，以免酱料漏出，但要在鱼片上方预留空间，这样鱼片就不会贴到铝箔上。

烘烤大约 20 分钟。上菜时直接在桌上小心打开包装即可。

其他做法

潘代利餐厅做的是鱼片，但像其他有着坚实肉身的白肉鱼一样，纸包海鲈鱼也可以整条做。这种情况下，你可以在鱼肚里塞入碎橄榄、刺山柑、大蒜，以及用橄榄油和白葡萄酒泡过的香草。以 200℃烘烤至少 30 分钟。

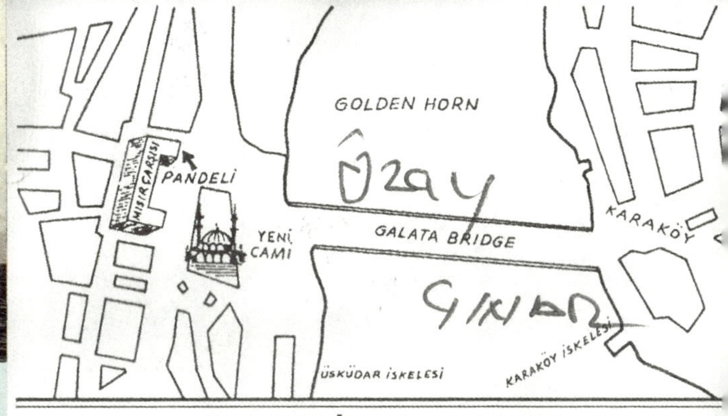

"PANDELİ RESTAURANT"

Spice Market Ho:1

34420 İstanbul-TURKEY Tel: +90.212.527 39 09 Fax: +90.212.522 55 34

上左：意大利吉利奥岛上，妈妈在盖塔尼的家（1968 年）

上右：和托洛尼亚一家人、韦耶一家人以及多丽丝·布林纳在一起（土耳其，1968 年）

中左：“卡利斯托号”的明信片

中右：潘代利餐厅的名片

下左：意大利吉利奥岛上，和洛里安·弗兰凯蒂·盖塔尼在一起（1968 年）

下右：在“卡利斯托号”游艇上（土耳其，1968 年）

罗马式奶油面团：奥黛丽·多蒂夫人

我是一名罗马家庭主妇，这就是我想成为的……不管你们怎么理解，我的婚姻生活很完美，看着儿子一天天长大，真令人惊叹。我现在也完完全全是一名意大利人。我从来都不属于好莱坞或其他任何地方，我最终找到了一个可以称之为家的港湾。

——奥黛丽·赫本

我想我是在父母在他们的罗马公寓里举办派对的那些夜晚学到烹饪基本知识的。我们小孩子只要飞快地转一圈，和人们打个招呼，就可以躲到那些撒丁人厨师中间去了，我们在那里一边偷瞄着客厅，一边品尝晚间派对上提供的美食。

如果说焗意大利面是孩子们聚会的主菜，那么粗面粉团子就是大人们聚会的主菜了。不要把它和土豆粉做的团子混淆了，土豆粉团子是雷打不动地出现在罗马各家餐馆星期四菜单上的菜肴，星期五则是盐腌鳕鱼，星期六又换成了牛肚。

罗马传统烹饪非常善于利用“第五部分”。“第五部分”即下水，是动物身上最便宜的部分。第五部分这个称呼可以追溯到过去某个时代，那时动物的第一部分要给贵族，第二部分给教士，

爸爸和妈妈在散步

上：父母婚礼后在多丽丝家里（瑞士查尼瓦兹）
下：妈妈和爱琳·葛莉辛公主（palazzo pyjama品牌创办人）在一起（罗马，20世纪70年代）

第三部分给中产阶级，第四部分给军人。普通老百姓只能得到剩下的部分，但他们知道如何把它们做成美味佳肴，诸如牛尾、炒脑、肠子之类。

事实上，妈妈从来没有吃过“第五部分”。罗马式奶油面团就足以证明她的生活方式已经罗马化了。和用土豆粉做出来的那些食物不一样，粗面粉团子几乎总是家里才做，饭店很少有做的，因此，我们有客人时，妈妈往往会做这个菜。

20世纪70年代中期，我家经常举行派对。爸爸是家里最好交际的人，他认识很多不同圈子的人，而且如果可能的话，他会让这些圈子各自保持独立。他会组织他在罗马的玩伴，也会组织艺术家、知识分子、精神分析学家、患者，还有那些包括妈妈的“同事”在内的来罗马游玩的朋友，这些人直到前几年还在出席这个被称作“台伯河上的好莱坞”的派对。

我依稀记得大卫·尼文的小胡子，还有我小时候当着黛安娜·罗斯的面出的洋相。我记得的不多，而且即便是这一点儿印象要翻出来也很困难。我妈妈唯一明显的特征就是：在朋友们和其他人面前表现的都一样，不管这些人是演员还是园丁。因此，我对名流是什么完全没有概念，而且我一点儿也不在乎。

我们那时住在圣华伦天奴大街倒数第二栋房子里，距离好莱坞很远，但仍然时不时地有剧本送过来让妈妈看。在我稍微长大一些后，妈妈会跟我说“他们想让我演这部电影”。而每次当她不想演时我就会问为什么，妈妈总会说“我也不知道”“我不是很喜欢”“不适合”。很奇怪，在那段时间里，也没有人向以居家生活为乐的妈妈证明那些剧本适合她。

她的朋友特伦斯·杨（她曾参演过他执导的几部影片）曾详细阐述过那些年里邀请她出演一部电影有多难：“首先，你要花一年左右的时间来说服她，让她接受这一生中还可以再演一部电影的想法。然后你得说服她去看剧本，还必须让她明白这是个好剧本。之后你还得保证，在电影片场待六七个星期是不会毁了她儿子的生活的。最后，如果你真的够幸运，她可能会开始讨论戏服。不过更有可能的是，她只会说，她必须要回家准备意大利面晚餐了，不过还是谢谢你想着她。”[12]

妈妈从少女时代起就开始不知疲倦地工作了，到了四十多岁时，她说够了。她并不是“绝望主妇”，她是等了很长时间才等到了家庭生活的。妈妈喜欢在家里召集亲朋好友，这也是因为和其他人一起外出对她来说是一种挑战。她的太阳镜和大围巾可以在一定程度上起到私密保护作用，但也并不总是管用。狗仔队严阵以待，任何时候都可能会突然出现，他们做好了万全准备来获取热门的、让人兴奋的报道，诸如多蒂一家去保拉奶奶的家里吃星期日午餐什么的。

左：和马里奥·杜尔索在宴会上（罗马，20世纪70年代）
右：爸爸、妈妈与妈妈的朋友卡皮西纳（罗马，1973年）

妈妈会给不知所措的亲戚们讲解如何应对狗仔队的突然袭击。一天晚上，她向我困窘的表哥克莱门特建议："亮出你最好的笑容，首先是因为那样能让你看起来状态最好，其次，你那样做他们会更快离开。"这建议适用于任何人，尤其适合我这种在如此处境中会情绪失控的小男孩。

妈妈在和爸爸第一次共游意大利期间（1968 年）

因此，如果可以的话，她还是倾向于和家人或朋友们待在家里，不过在这种环境中她并不是女主角。当我为写这本书而搜寻往事时，正好看到了一位记者兼作家、我叔叔吉安皮埃罗·多蒂的朋友多米尼克·邓恩说过的一段话："在安德烈·多蒂母亲家一次盛大而喧闹的意大利面晚宴上，我看到奥黛丽一副孝顺儿媳妇模样坐在那里，很不起眼……而她婆婆则是那晚无可争辩的明星。"[13] 这段话跟我自己的回忆是吻合的。

但这一切都不足以让妈妈完全融入到罗马人的生活方式中。冲突还是有的，而且有些是难以避免的。罗马只是一个看上去热情的城市，骨子里它对陌生事物总是持怀疑态度，而且总觉得自己是一个令人自豪的地方，从来不会对什么东西感到惊讶，更不会因此激动不已，私下里，罗马依然坚信自己是这个世界的中心，是一个一切都如意的地方。

关于我妈妈和这座城市的关系，我相信，对罗马社交圈而言，她是个纯粹的家庭主妇，而且太"古旧刻板"，这让她的名气大为受损。妈妈在罗马一直待到 20 世纪 80 年代中期才离开，先是去了瑞士当"园丁"，之后又作为亲善大使在全世界穿行。和她总是放在手提箱里的番茄意大利面不一样，粗面粉团子她只在罗马做过。

罗马式奶油面团

4 人量

1 升牛奶

半小匙（5 克）细海盐

250 克粗面粉

2 个鸡蛋黄

160 克无盐黄油，软化，另加一些用于润滑

1.5 杯（150 克）帕玛森干酪，磨成粉状

预热烤箱至 200℃。在一个中号烘盘上涂上黄油。

将牛奶倒入一口中号深平底锅内，加盐，大火煮沸。慢慢把粗面粉筛进去，烹煮并不断搅拌至少 10 分钟，使其坚实匀和、不结块。关火，待其冷却后，取一中号碗，将蛋黄、50 克黄油、50 克帕玛森干酪搅和在一起，然后用手将其与牛奶面糊调和均匀。

用刀口蘸湿的刀将面糊摊到案板上，使其厚度保持在 1.3 厘米左右，然后用玻璃杯或者饼干模子将其切割成小圆饼，直径大约 5 厘米。

在准备好的烘盘里，将这些圆饼略有重叠地排成一排。把剩下的黄油和干酪撒到上面，然后放入烤箱中，烤大约 20 分钟，直到面团变成金褐色。

威尼斯风味牛肝：期待我的降生

妈妈在出生后六个星期时死过一次，至少我外婆是这样说的。茶外婆非常肯定地对我们说，妈妈因为百日咳心跳骤停，她又是拍打又是祈祷才让妈妈的心脏重新跳动起来。我了解外婆的性格，因而对她的话深信不疑。那时她是个严谨的基督教科学派信徒[①]，不可能去叫医生，但她也不会看着自己的女儿这么小就死去。妈妈在还是个小女孩的时候很喜欢这个“奇迹”故事，百听不厌。

和她健壮的哥哥们不一样，妈妈的身体一直都很虚弱，战争期间遭受的苦难让她的健康状况进一步恶化。她患有贫血症，这病恼人又常见的副作用让她经常出现黑眼圈，同时也导致她的某种综合征（但她更关注的还是她的脚太长，耳朵太大，还有鼻子……）

她那些彩色小药瓶是我小时候很喜欢玩的东西，不过，妈妈为了恢复体力，把那些药全部换成了天然药物，比如菠菜（那时候，由于抄写时的一个错误，人们相信菠菜里满是铁，可怜的“大力水手”的饮食命运也就这样给定下了）、木斯里、巧克力（显然，对喜欢吃巧克力的妈妈来说并不算什么牺牲），还有肝脏。不过，除了怀上我的那阵子，其他时候她从没吃过那么多肝脏。

妈妈怀孕时非常辛苦。在生肖恩之前她就流产过两次，其中第二次是在 1959 年，在《恩怨情天》（1960 年上映）的墨西哥

我和妈妈在“和平之邸”（1971 年）

① 该教派认为疾病只能靠调整精神来治疗。

片场发生外伤事故之后。那次她从“迪亚布罗”（传说中的纯种阿拉伯马，属于古巴大独裁者富尔亨西奥·巴蒂斯塔）的背上摔到了沙地上，摔断了四根椎骨，电影拍完之后不久她就流产了。

为了成功怀到足月，妈妈决定休息一年，然而肖恩出生之后她又流产了两次。她说这是“我一生当中最伤心的事情，比我父母离婚和父亲出走更甚。”[14]因而在肖恩出生十年后，她又一次怀孕时，医生们建议她几乎整个孕期都卧床休息。

为了放松，妈妈和爸爸搬到了她挚爱的“和平之邸”，在那里她可以到花丛中散一小会儿步，而大部分时候则躺在床上，靠画花来打发时间。至于爸爸，这次不得已的长假对他来说印象深刻，因为他在等待他的第一个孩子（也是唯一的孩子）。但他也可能是没精打采的，瑞士乡下的宁静让他心神不定。透过他嘲弄的眼光，“宁静之地”（La Paisible）摇身一变成了“痛苦之地”（La Pénible）。

我还有几张爸爸的照片——他手里拿个大剪子，还有满满一篮子花。这些影像会让人误解。爸爸的确有很多爱好，但他和妈妈不一样，园艺（当时）可不是他的首选。而对于瑞士这个他真心热爱的国家，他总是能讲出一些诙谐的趣闻。他曾肯定地说，有一次他在日内瓦被罚了款，因为他横穿马路时太慢而导致交通阻塞。

等待我出生的过程也并不是毫无忧虑的。一位瑞士医生（这里我们豁达一些，就不提他的名字了）坚信，我的脖颈姿势古怪是因为患有一种严重疾病。万般痛苦的爸爸把这个不幸的预测（幸亏是没有事实依据的）压在了心底，不让焦虑的妈妈知道。在那处乡间大别墅里，能让人最大程度舒缓精神的东西就是炉灶，爸爸将医生开出的大量肝脏做成了美味的威尼斯风味牛肝，这是意大利传统菜肴中最古老的一种。在他的影响下，妈妈也喜欢上了这种食物。

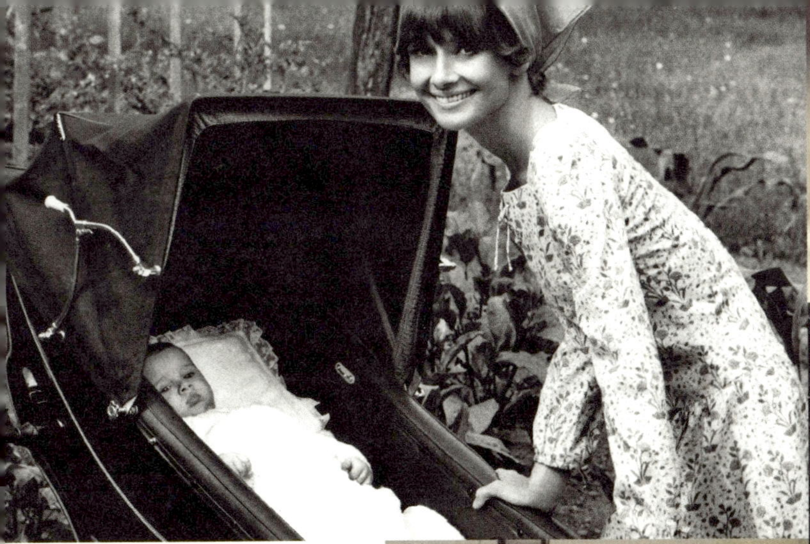

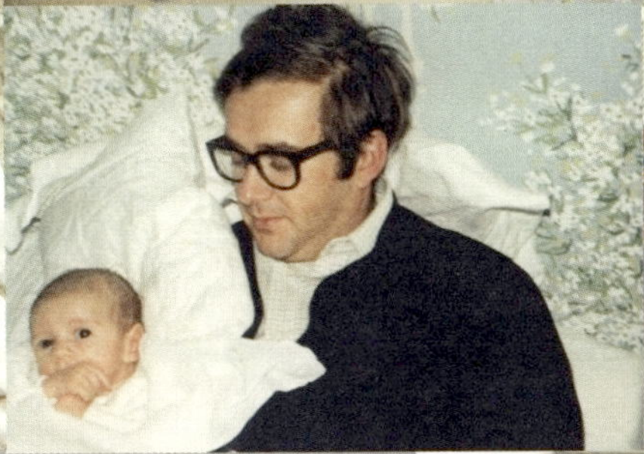

上左：妈妈和我（1971年）
上右：妈妈和我（1970年）
中左：妈妈和我在罗马一次少有的暴风雪之后（1971年3月）
中中上：父母在我的洗礼仪式上（“和平之邸”，1970年）
中中下：爸爸和我（罗马，1970年）
中右上：冬季的“和平之邸”
中右下：我的婴儿房（“和平之邸”，1970年）
下：我生日当天妈妈在罗马康梭拉多大街的小公园旁（1970年5月4日）

威尼斯风味牛肝

4 人量

做威尼斯风味牛肝最重要的是时间的掌握。烹制的时间稍稍长一点儿，肉就会老硬得没法吃了。做这个菜要求温度大起大落；做洋葱时要很小的火，做肉时要很大的火。（我爸爸曾告诫说：“没有煤气你的厨艺不会提高到一定境界。”）在瑞士，电炉是唯一的选择。我爸爸就用两个锅，一个架在小火上做洋葱，另一个架在大火上煎牛肝，然后把食材调和在一起，快速翻炒直至变成乳脂状。

2 个白洋葱，去皮后切碎

半杯（120 毫升）特级初榨橄榄油

400 克小牛肝，切成薄片

3 大汤匙再加 1 小匙（50 克）无盐黄油

1 撮糖

少许雪利醋或者柠檬汁（可以任选）

开最小火，在一口煎锅内用黄油和橄榄油轻轻翻炒洋葱，使其变成半透明状（这个过程要花 15 分钟）。做好后，加入 1 撮糖，翻炒至洋葱裹上焦糖，大约 5 分钟。另取一口锅置于大火上。放入裹上焦糖的洋葱后再放入小牛肝，翻炒几分钟，让肉变得焦黄但仍然多汁。如果你喜欢酸一些，可以加入少许醋或者柠檬汁进行搅拌。最后刮掉锅底的碎屑，上菜。

注意事项：吃小牛肝，一定要有配菜，要蘸着酱汁吃。我爸爸喜欢米饭或土豆泥，但更正宗的吃法是配微烤白玉米粥。

其他做法

威尼斯风味牛肝这道菜的做法可以小小变化一下，变化之后更能突出牛肝浓郁的口感和洋葱的甜味之间的反差，这才是这道菜的精华所在。你可以像我爸爸喜欢的那样，用干白葡萄酒或者红葡萄酒代替醋。为了突出甜味，还有一种做法就是再放入一把葡萄干或者一大汤匙橘子汁。古罗马人炒牛肝用的是无花果。不过，变化更大的其他做法，比如更长时间地炒牛肝等，那就是灾难。

上：我爸爸在“和平之邸”从事园艺（1969 年）
下：我出生之前的那个夏天，爸爸在花园里画画（“和平之邸”，1969 年）

炖小牛肘配万福马利亚面：妈妈的撒丁人保卫队

乔凡娜，乔凡娜，她的猫咪她的桶，她的桶和她的猫，乔凡娜·费丽帕。

——小时候，每当我把乔凡娜·奥鲁内苏逼得没办法时，她就会吟诵的一首童谣

妈妈一生中大部分时间里，都有一个有力的团队——奥鲁内苏家族的女人们——帮她料理家务，她们这个家族原籍是意大利努奥罗附近的奥鲁内，属于撒丁区的一个村子。在这个团队中迪娜是大厨，罗齐塔管理瑞士“和平之邸”，还有一位姐姐——她的名字我记不起来了，她能奇迹般地飞旋放在饭桌上的任何东西（不管是一把刀还是一个茶杯），把它们转得像陀螺似的。还有就是乔凡娜。

乔凡娜和我妈妈是在20世纪60年代早期认识的。她那时也是刚到意大利，和妈妈同时开始了解这个国家，她们之间建立起的互利相依关系一直维系到她们生命的终结。妈妈患病时，乔凡娜从楼梯上摔下来，摔断了一条胳膊。她仅比妈妈多活了几个月，就像某些老夫老妻间经常发生的情况一样。

父母在奶奶的屋外（罗马，20世纪70年代）

乔凡娜是保姆、管家、司机，后来又成为大厨。她还自封为

妈妈的保镖，尤其是防范那些妈妈既怀疑又被其吸引的男人。

这种复杂的情感也适用于我爸爸。妈妈在与梅尔·费勒的婚姻结束后难免有些悲伤，随后，爸爸就进入了妈妈的生活，这时候乔凡娜是很高兴的。爸爸年轻、风趣（乔凡娜喜欢开怀大笑），而且，他还是个意大利人。但是，听乔凡娜说，他非常好女色。当她怀疑我爸爸出轨后，她发现自己在对爸爸的喜爱和对我妈妈的保护职责之间进退维谷。然后她就开始生闷气，就好像是她遭遇背叛似的。

乔凡娜是作为一名勤杂工来到妈妈家里的，但到了20世纪70年代中期，迪娜突然恋爱结婚，随后离开了这个家，于是乔凡娜就被提到了炉灶边，从此，她的时代开始了。

乔凡娜出入我们街区的那些商店时，就好像她是奥黛丽·赫本的全权代表，在执行一项特殊使命似的。她对自己的地位特别自豪：她可是给那些她在杂志上能看到其照片和故事的宾客做饭的。当她将菜端上桌时，她就是万众瞩目的焦点。在她所有的作品中，她最拿手的菜是炖小牛肘配万福马利亚面（一种小的管状意面），这是伦巴第人菜肴最经典做法的一种变化形式，无论何时都能引来喝彩。

她的光荣岁月持续了20年，一直到妈妈闲置了罗马的房子，搬到瑞士为止。对这位习惯了上流社会街区闲适生活的“前女王”来说，单调乏味的瑞士乡下显然就是痛苦的流放。她不能再以自己通常的方式来放松了，还有就是，明星们也不见了。

驾照的问题给了她最后一击。自从妈妈不开车以后，驾照就成了象征乔凡娜身份地位的一个关键因素。乔凡娜有一辆特别漂亮的青绿色菲亚特500轿车，它是有史以来最迷你的一款汽车。夏季，她会用渡轮把车驮到撒丁岛。如果我们两人站在挡泥板上紧紧抓住的话，这辆车可以载着6个人到海滩去。但在瑞士，她连考三次都没能通过驾照考试，因此不得不去参加测试以证明她的心智健全。乔凡娜为此对瑞士提出抗议，但这个状况一直未能完全解决。

当妈妈去瑞士的时候，乔凡娜就一直和我待在罗马。有时候，她还会半夜爬起来给我和我的朋友们做些吃的，以免她的厨房遭到我们的祸害。

上左：乔凡娜·奥鲁内苏拿着一篮花（“和平之邸”）
上右：乔凡娜给康妮·沃尔德递上一份蛋奶酥（“和平之邸”）
中右：妈妈和多丽丝、恩格拉西娅在一起（“和平之邸”）
下左：乔凡娜与罗齐塔·奥鲁内苏在撒丁区他们的家里（2010年）
下右：康妮送给我妈妈的相册上首页的图示

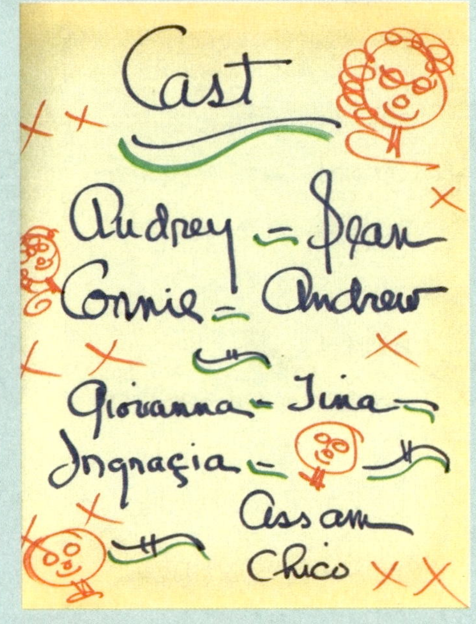

炖小牛肘配万福马利亚面

5 人量

炖小牛肘配万福马利亚面是北方的创新。意大利烹饪的禁忌是：肉不能以面做配菜，顶多用米饭配，所以这道菜等于在挑战这项禁忌。能绕过这道禁律多亏了这种很小的意面，它是用来做汤的，要精确烹制，就好像做意大利烩饭那样。万福马利亚面在商店里很难找到，不过，你可以用手指面（顶针面）来代替，如果你不想违反米兰传统的话，用卡纳罗利米代替也可以。小牛肘是小牛腿肉较下面的部分，那里骨头小，又充满骨髓。包着肉的那层薄膜要切开，这样，在烹饪过程中肉才不会卷曲起来。

做小牛肘

1 大汤匙（14 克）无盐黄油

1 根芹菜，切碎

1 个洋葱，去皮后切碎

1 个大胡萝卜，去皮后切碎

用于撒到食物上的中筋面粉

5 块小牛肘（400 克）

1 杯（240 毫升）干白葡萄酒

3 大汤匙（65 克）番茄泥

做调味料

半小匙（2 克）搓碎的柠檬皮

1 瓣大蒜，切成碎末

2 大汤匙（6 克）切成碎末的欧芹叶

做意面

1 根大葱，切成薄片

2 大汤匙（28 克）无盐黄油

500 克万福马利亚面

1 杯（240 毫升）干白葡萄酒

2 升蔬菜汤

1 撮上好的藏红花，稀释到 2 大汤匙（30 毫升）蔬菜汤中（意大利阿布鲁佐区出产最好的藏红花）

2 大汤匙（16 克）帕玛森干酪，磨成粉状

2 大汤匙（30 毫升）多脂奶油

炖小牛肘：在大号炖锅中加热黄油，将切碎的芹菜、洋葱和胡萝卜炒5分钟。面粉撒到小牛肘上，和上述蔬菜一起以中火嫩煎。加入白葡萄酒炖，直到汁液蒸发完。当小牛肘完全变为褐色时，加入番茄泥，盖上锅盖，再炖15分钟，转至小火。

做调味料：取一小碗，将柠檬皮、大蒜和欧芹叶调和备用。

做意面：做万福马利亚面应该像做米兰式烩饭那样，在一口大号煎锅内用1大汤匙（14克）黄油轻轻翻炒大葱，直至其变为金黄色。加入意面，和着大葱翻炒，先用少许白葡萄酒湿润，再加蔬菜汤（白葡萄酒和蔬菜汤都要渐次加入），同时用木勺不停翻炒，这样面条不会粘在锅底上，时间大约为15分钟。面炒到一半时加入含藏红花的菜汤。万福马利亚面就像烩饭那样，应该烹制到熟而有咬劲，如奶油般柔滑的程度。加入帕玛森干酪、剩下的1大汤匙（14克）黄油和多脂奶油，搅拌到一起。上菜前可以放几分钟。将小牛肘放到盘子中央，撒上调味料，最后用面条覆盖。

烹饪建议

妈妈的宠物狗也很喜欢小牛肘。她是这样做的：把软骨从吃剩的骨头上取下，然后将骨头煮1小时。你的狗会感激不尽的。

父母在婚礼后和全体雇员的合影，包括尼科尔一家、恩格拉西娅、乔凡娜和迪娜（1969年）

保拉奶奶的金枪鱼酱小牛肉：应对婆婆

鱼酱小牛肉源自意大利皮埃蒙特区，是意大利夏季名菜。这道菜是属于那种你可以提前做好放到冰箱里的，和塞满米饭或“假鱼”（pesce finto，用金枪鱼和土豆块做成一条鱼的样子）的番茄是同一类型。鱼酱小牛肉深受那些高级资产阶级奶奶的喜爱，因为它既不需要她们在灶头上劳作，又可以随时端上桌。我奶奶保拉就是鱼酱小牛肉的忠实拥护者，几乎每个星期日的午餐都要让她信赖的马蒂尔德为我们准备这道菜，要是时间来不及的话，她就会让楼下的餐馆直接送上来。

不过奶奶在厨房里的表现实在让人不敢恭维，连沙拉这种她唯一一道亲自动手做的菜都能忘掉。往往是吃甜点的时候到了，她才自豪地说：“我还做了个沙拉！”不过，我们去看她也并不是为了享受她的厨艺。

奶奶有很多兴趣爱好，不过家政可不在其中。她是奇里奥家族的一员，这是一个工业家家族，是欧洲最大的果酱制造商。保拉·班迪尼很早就嫁给了多米尼克·多蒂，到 25 岁时，她已经有 4 个孩子了（我爸爸是第三个），可这时她却想和丈夫分开，开始新生活。

妈妈走在爸爸办公室外（罗马克莱塞吉奥大街，20 世纪 70 年代）

我爷爷的生活中只有两样最重要的事，一是打猎，二是他的狗，他几乎全身心都扑到了这上面，而我奶奶想要的却是别的东西。当时的意大利没有离婚这种事，于是有一天她跑到家庭律师

妈妈在罗马四处寻找房子，旁边是我的奶奶保拉·班迪尼（1969 年）

那里说：“我想宣布婚姻无效，你必须得想个办法来证明我的婚姻无法律效力。”律师劝阻她说：“夫人，这事单方面做不了。”“那我就杀了他。”

奶奶并没有暴力倾向，因此她听从了律师勉强给出的建议：搞个丑闻出来。于是，她开始在那不勒斯卡波迪蒙的别墅里夜夜笙歌，举办狂野派对，尽管这种行为对一个有名望而且还有四个孩子的妈妈来说并不妥当。随后，我奶奶就和一位非常迷人的男士恋爱了，还和他一起去环游世界。

那位男士就是维罗·罗伯蒂。战争期间，维罗·罗伯蒂在商队的一艘船上坚持写日记时，发现自己天生就是当记者的料。船长欣赏他的才能，把他介绍给了博洛尼亚《零钱报》的主编。不久，罗伯蒂就成为《晚邮报》（意大利发行量最大的报纸）的首席记者。他走到哪里，我奶奶就跟到哪里，从非洲一直跟到了苏联的莫斯科。在莫斯科时，她还因为和苏联领导人赫鲁晓夫激烈争吵而大出风头。

尽管维罗爷爷不是我真正的爷爷（虽然他的名字“vero”这个词的意思是“真的”），但对我来说，他比我那几乎不认识的多蒂爷爷更像亲爷爷。维罗爷爷病倒时我会逃学一整个下午去陪他，他会给我讲在马来西亚时听到的海盗故事，他还为此写过一本书，名叫《现代的马来西亚海盗》（米兰：穆尔西亚出版社，1971 年）。在维罗爷爷病倒的那段时间里，我奶奶假装坚强以驱走悲伤，虽然她一天中只有很短时间待在医院，但她非常清楚自己垂死的丈夫与“奥黛丽的儿子”之间的深厚感情并为之感动。

保拉奶奶很喜欢也很欣赏她的儿媳妇，但她习惯了对自己的亲属发号施令，而我妈妈却有着与她完全不同的生活方式。妈妈喜欢自己掌控生活，养育儿子，不愿让他人介入，与这样一个女人融洽相处对奶奶来说有点儿困难。

因此，我们在星期日的午餐时间总会听到奶奶的嘲讽（她主要攻击妈妈的慈善承诺）。对于罗马人那种讥讽式的幽默感，妈妈一直做不到毫不在意。不过，鱼酱小牛肉就足以缓解这些家庭小矛盾了。

奶奶保拉和我的两个叔叔皮埃弗兰克、吉安皮埃罗，以及我爸爸（那不勒斯，1939 年）

金枪鱼酱小牛肉

4 人量

2 大汤匙（30 毫升）特级初榨橄榄油
600 克小牛眼肉
盐少许
现磨黑胡椒少许
2 杯（0.5 升）白葡萄酒
1 个胡萝卜，去皮后整个留下备用
1 根芹菜，整段留置备用
100 克以橄榄油罐装的金枪鱼
4 大汤匙（60 毫升）优质蛋黄酱，店里买来的或者自制的均可（参见“如何制作蛋黄酱”）
1 大汤匙（8 克）盐渍刺山柑，切碎，外加 1 大汤匙（12 克）不切碎做酱汁
3 根小黄瓜，切碎

在锅中加入橄榄油，调中火加热，将小牛肉各面煎至黄褐色。加盐和胡椒以调味，过 5 分钟后加入白葡萄酒，炖至酒液蒸发掉。加入胡萝卜、芹菜、2 杯（0.5 升）水。盖上锅盖，继续以小火炖一个半小时，炖煮过程中偶尔翻一下肉。关火，把肉放到烘盘上，盖上盖子，冷却大约 1 小时。

将蛋黄酱、切碎的刺山柑以及小黄瓜拌在一起。将金枪鱼沥干，去除所有的橄榄油，再切成小段，然后将其倒入蛋黄酱中，再用果汁机榨成酱。

将没切碎的刺山柑浸入水中，使其软化，并去除盐分。将冷却的小牛肉切成薄片，码放在一个大浅盘里。把金枪鱼酱浇到牛肉薄片上，再撒上刺山柑。上菜时要用青豆或煮熟的新土豆做配菜一起上，这两样配菜与酱汁很搭。

其他做法

如果天气太热，不想花很多时间做菜，但又想吃金枪鱼酱小牛肉的话，你可以在熟食店买烤好的薄片小牛肉或者火鸡肉，然后在肉片上浇上金枪鱼酱，撒上刺山柑即可。

多蒂一家在撒丁岛，从左往右依次为：皮埃弗兰克、雅各布、奥林匹亚、吉安皮埃罗、我父母、谢丽尔、曼努埃拉和我（意大利撒丁区）

烹饪建议

前一天做好小牛肉，用一块洗碗布包好，放盘子里，上面置一重物（一个装满了水的壶就可以）。冷藏一晚上，肉会充分变干，第二天，你就可以把它切成很薄的薄片而不会把肉弄碎了。

如何制作蛋黄酱

将两个鸡蛋黄打入一个大碗里，加一小匙法式芥末酱搅拌。缓缓滴入特级初榨橄榄油，搅打至蛋黄变浓。继续加入橄榄油，如果你喜欢细腻的口感，可以加到一杯或更多。最后加入一大汤匙白醋和一撮盐搅拌在一起。

建议：不要选择味道太过浓烈的橄榄油，否则油味会盖过其他味道。

烟花女意大利面：意大利出品

在妈妈仔细写下的食谱中，有一张专门记载着"putanescha"。虽然这名字被她拼错了，但这可是她大爱的一道菜。

烟花女意大利面（也许）最初是在那不勒斯西班牙区的妓院里做出来的，但是关于这道菜诞生的故事还有很多。有的人说该菜是一个从普罗旺斯来到意大利南部的"风尘女郎"伊薇特做出来的。有的人认为"烟花女"这个词仅仅是指酱汁中鲜艳的色彩对比（紫色的橄榄，绿色的刺山柑，红色的番茄，金黄色的油），它们与当时妓院里流行的颜色俗丽的内衣相似。还有的人认为这道菜是为这些姑娘的老常客准备的。

但我觉得还是爸爸的说法更有说服力：他猜测这道菜是那些姑娘为她们自己准备的，因为做起来快如闪电，可以在一个客人前脚走另一个客人后脚来的空当里完成。

父母和我在学校外面（罗马，1977 年）

烟花女意大利面

4 人量

这道菜传统的做法是加上一点儿牛至，但妈妈从没有加过，因为她觉得那样“吃起来太像比萨”了。不过即便是凉吃（尤其是夏季），烟花女意面也是极其美味的。

2 块凤尾鱼片

半杯（120 毫升）特级初榨橄榄油，外加一些用于上菜时使用

1 把黑橄榄，粗略切碎

1 把绿橄榄，粗略切碎

12 克盐渍刺山柑，冲洗一下，不切

1 瓣蒜，切成两半

用于调味的碎红辣椒片，或少许塔巴斯科辣酱

1 罐（400 克）去皮整西红柿

450 克意式细面条或宽面条

6 片罗勒叶，用手撕碎

开大火，在一口大号炒锅中用橄榄油软化凤尾鱼，然后加入所有橄榄、刺山柑、大蒜以及红辣椒片。简单炒 1 分钟。加入罐装番茄，用木勺将其压碎。以中火炖酱汁，不时搅拌一下，直到形成黏稠的浓汤（5 ~ 10 分钟，取决于番茄的品种）。关掉火，酱汁就留在锅中。

在大号锅内盛满水，加盐，煮开，放入面条。当面条煮到熟而有咬劲的时候捞起来，放到酱汁锅中，开大火，轻搅几下，使之混合。关火，撒上一点儿橄榄油和罗勒叶，完毕。

烹饪建议

烟花女意大利面要忠于它的本质，用不着坚持严格的计量和烹饪时间。这里写出的指导方针仅仅是一些建议，不遵循也没有问题，你完全可以按照自己的方法去做。给一个小小的“提示”：如果你花过多的时间去做这道菜的话，面条反而会变得不那么美味。这道菜就是要匆匆忙忙、不假思索地去做，允许由于冲动而造成的瑕疵，比如轻微烧焦了的西红柿。但要富有激情。如果一做好就吃的话，注意不要烫伤舌头。

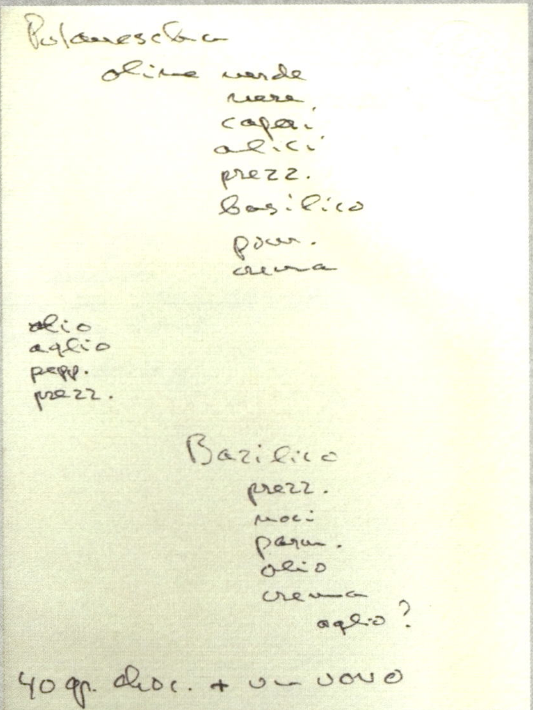

上：父母在罗马市中心闲逛（1976年）
下左：我的父母（1969年5月）
下右：我妈妈在她的食谱书里手写的"烟花女意大利面"。

Puttanesca
oliva verde
nera
capperi
alici
prezz.
basilico
pom.
crema

olio
aglio
pepp.
prezz.

Basilico
prezz.
noci
parm.
olio
crema
aglio?

40 gr. cioc. + un uovo

番茄煲饭：决定分开

逃离罗马一天是件很容易的事，开车半小时你就可以到达海边，开一个半小时就可以看到山，那里有蒂沃利的哈德良山庄、奥斯蒂亚古城、台伯河自然保护区、博马尔佐的怪兽公园、拍摄“意大利式西部片”的乡下……每个罗马人都有自己最喜欢的目的地，这其中甚至包括城镇边缘的郊区。在那里，吃草的绵羊和羔羊会不经意地出现在建筑物之间（在罗马，牲畜首选绵羊，羊肉是当地美食中最好的主菜）。

到“城门之外”（gite fuori porta）远足是备受当地人喜爱的风俗，但“逃离罗马”通常仅仅是一个托词，人们真正的目的地是餐馆，最好是有藤架下的户外座椅，以及专为夏季准备的美味佳肴，如意大利熏火腿配甜瓜（或者无花果）和卡普里沙拉等。能如魔法般让我再次感受到童年时光的是常见的番茄煲饭，这道菜一般会出现在装着餐前开胃食品的小推车里，并且只有在春季结束后才能吃到。这道菜总能唤起我记忆里一家人夏日外出时那种难以忘怀的欢愉，我常常想，妈妈喜欢这道菜在某种程度上也是出于同样的原因吧。

在我还是个小男孩儿的时候，我特别喜欢星期天远足，但是后来这种远足就变得不那么频繁了。有一天爸爸问我：“卢卡，如果我和你妈妈要分开，你会怎么想？”那时我差不多八岁，听到这句话一下子就哭了。爸爸赶紧哄我说：“我就是出于好奇问

父母在罗马的台伯河边

问，不用担心。”我信了他的话，之后两年里他也再没提起过这事，我也就差不多忘了。

因此当父母最后真的跟我说他们决定分开时，这消息就仿佛晴天霹雳一般。尽管当时事态的发展很糟糕，但我并没有注意到，因为家里的一切似乎都很平静，没有任何大吵大闹。有一段时间，妈妈跟我疏远了许多，我不明白为什么，那很让我伤心。后来我才懂得，她远离我是为了不让我看到她难过。

父母在他们的奥托比安基牌轿车里（罗马，1973 年）

他们告诉我决定要分开的那天我记得清清楚楚，就好像发生在昨天似的。那是 1980 年的夏天，我正在电视上看莫斯科奥运会（就是从那时起，我对那五个环有了抑制不住的厌恶）。妈妈开始委婉地跟我解释他们决定要做的事以及为什么要这样做，突然，我爸爸大喊道：“喏，卢卡，其实就是你妈妈爱上另一个男人了！”于是她就像对待一个说话不当的粗野男孩子一样制止他：“安德烈，你怎么敢这样！”但多年以后，没有勇气的似乎是妈妈。我想知道他们为什么要分开，她唯一说的话就是：“问你爸爸吧。”他也吐露了实情，毫无袒护自己之意。

关系的破裂是令人极其痛苦的，很小的时候就饱受自己父母离异之苦的妈妈想尽一切办法来减轻离婚给我带来的负担。她依然留在罗马，这样我就不用跟爸爸分开。我们住在他对面的一所房子里，我只要穿过一条街道就可以从妈妈这儿到爸爸那儿去。

我相信那段时间她是很想搬到她所钟爱的“和平之邸”的，但是妈妈推迟了离开罗马的日子，一直等到我青春期才离开。而我也随她回到瑞士居住，在离家不远的一所寄宿学校里上学。显然，她为了我的幸福做出了牺牲，但她的朋友安娜·卡塔尔迪回忆道：“他们分开之后她还是想念安德烈的，我从没听她说过一句关于他的坏话。”

在我父母的那段关系中，爸爸有许多不忠行为，这一点我很清楚。不过，最让处于成长期的我感到困惑的是，爸爸是玩世不恭的拉丁男人，妈妈是教养严格、不轻易谈感情的北方人。既然他们之间有如此巨大的差异，那他们是怎么在一起的呢？一段时间后，等他们离婚带给我的悲伤减轻，我才看出他们彼此爱得何等深切。

一天早晨吃早饭时，妈妈放下戒备，述说了她对爸爸的爱以及离婚的痛苦，而爸爸则从没有完全坦白过。妈妈患了癌症后，爸爸也到了瑞士，和我们一起陪她度过她生命的最后一段时光，这时他们离婚刚过十年。我也是后来才知道，他曾在看到妈妈的医疗记录时晕了过去，因为他明白，再做什么也挽救不回她的生命了。

我相信他们关系破裂的原因也包括年龄上的差距，不是因为妈妈太“大”，正相反，是因为爸爸太“年轻”，还不成熟。有时候我自己会没边没际地胡思乱想：如果在爸爸成熟之后他们再相遇，那会多么不一样啊。

随着时间的流逝，他也开始更愿意花时间待在家里，甚至在得知我离婚后还做东西给我吃，听我诉说离婚的痛苦。一天，爸爸对我说：“做这些决定很艰难，但你展现出了理智和勇气，和你妈妈一起把你养大让我感到很骄傲。”他成熟了，我也长大了。

番茄煲饭

4 人量

尽管番茄煲饭通常会被列入餐馆的开胃菜，但它也可以作为一道主菜来食用。准备工作的确需要提前安排（填料应该在室温下至少放 1 小时，番茄要烤 1 小时），但这道菜一旦做好，就绝不会让你失望，无论是在最热情的白日露天招待会还是冷清一点儿的夜晚时分都适用。

4 个新鲜熟透的番茄
半瓣蒜，切成蒜末
现磨黑胡椒少许
4 小匙（2 克）切成碎末的欧芹叶
半杯（100 克）大米——最好是维阿龙纳诺（Vialone Nano）大米
盐少许
4 小匙（2 克）切成碎末的罗勒叶
6 个褐色土豆（大约 1.15 千克），去皮后切成棒状
4 大汤匙（60 毫升）特级初榨橄榄油，外加一些用于烘烤

把番茄的顶部切下，将这些“帽子”留下备用。挖空番茄，果肉留下备用。在番茄里面轻轻地抹上一层盐，然后将它们切口朝下放到一个架子上沥干水分。取一大碗，将番茄果肉与大蒜、2 大汤匙橄榄油、罗勒叶、欧芹叶拌在一起。在沸腾的盐水中煮米饭，水要多，待米饭入口稍发硬时捞起。将米饭放入番茄果肉混合食材当中，加盐与胡椒调味，搅拌到一起。置于室温下至少 1 小时。

预热烤箱到 200℃。

将米饭与番茄果肉组成的混合食材塞入番茄内。小心地将塞满了混合食材的番茄配以土豆条一起放入烘盘内。在土豆和番茄上洒上几滴橄榄油。放入烤箱内烘烤大约 1 小时。凉下来后食用。

盖伊男爵和玛丽·海琳·德·罗斯柴尔德男爵夫人在费里耶尔城堡举办的普鲁斯特舞会上，由塞西尔·比顿为我父母拍摄的照片（1971 年 12 月 11 日）

哈利酒吧：重返威尼斯

虽然罗马是意大利电影业的中心——辛奈西塔电影城在20世纪50年代被认为是台伯河边的好莱坞，但给银幕上的明星们提供最迷人的红地毯的却是威尼斯。1955年威尼斯举办电影节时，妈妈原本计划携影片《战争与和平》出席，但最终没能成行。十年后，她再度出现在她朋友尤尔·布林纳拍摄的一系列精美照片中，当时她正和她的第一任丈夫梅尔·费勒乘坐“贡多拉”沿水道游览。威尼斯和附近的利多岛之所以能成为她的活动场所（后来又成为我的），是因为当时那里欢迎外国人。

但我却将那座城市与爸爸联系在了一起，我认为她也会如此。爸爸懂得怎么游玩，怎么交流，每一次散步时，威尼斯都在他的口中变得生动起来。他就这样把她从那艘别致的平底船上带下来，领着她穿行在一座欢乐与忧郁交织、处处都充满双重性的城市里。

我逐渐明白，威尼斯是最合适开始或者结束一段旅程的地方。我还记得我童年的一次美丽又忧伤的旅行，就发生在我父母分开后不久，它是属于爸爸和我的一次“男人”间的旅行。后来，我发现一些家庭录影带，才知道十年前爸爸和他的继子、我的哥哥肖恩也选择了同样的路线，那次旅行让他们成为了好朋友。

妈妈在威尼斯一条平底船上（尤尔·布林纳拍摄，1965年）

威尼斯是世俗的，却又深受遁世者喜爱；这里被旅游业所挤占，却又能给那些知道如何放松自己的游客一些幽静的空间。

爸爸优哉地漫游其中，他总是穿着一套蓝色西服等在那里，但我们的行程却总是被他那些不能错过的约见和事件所打断。我想妈妈一定也有同感，因为爸爸无疑比她更喜欢交际。

奇普里亚尼酒店，相对声名远播的哈利酒吧而言，是一个田园风情般的孤立地带。欧内斯特·海明威就曾在这里写下他的“威尼斯小说”《渡河入林》。我父母会在这里吃完饭后乘坐水上巴士去往环礁湖边缘的那些岛，然后回到市中心，去摩纳哥大运河酒店（妈妈说在那里可以吃到全世界最好的总会三明治），最后再去哈利酒吧喝一杯“贝里尼”鸡尾酒。

我曾听过关于这个独特酒吧的介绍。一天，我和爸爸的下午独处时光被一个无法推脱的聚会打断，为了安抚我，爸爸用尽他讲故事的天赋来劝说我，说我们要去一个独特的地方见一个独特的朋友。但那地方并没给我留下什么印象——那是个成年人待的地方，很无趣，他那个朋友也挺没意思的，因为他们都说英文，我一个字也不懂。

几年后我才知道，我们那天见的那位先生是著名作家戈尔·维达尔，他是世上为数不多的特别懂得创作故事的人。在过去的半个世纪里，他诙谐的笔触下所描写的很多人物都去过威尼斯，就在我们见他的地方，哈利酒吧。这家酒吧的历史也很“威尼斯”。

那是一个男孩子的故事。他叫朱塞佩·奇普里亚尼，出生在20世纪的第一年，先后在摩纳哥大运河酒店和欧罗巴不列颠酒店做过酒吧侍者。1927年春季，他的一个老客户是个美国小伙子，那小伙子的家人想法很疯狂，要把他送到欧洲治疗酗酒问题。

这个美国小伙子有个姑姑陪他一起过来，他喝酒，他姑姑付钱。直到有一天，他姑姑不想再付钱了，看到他又在喝酒，就把

上：我妈妈在威尼斯利多岛（1965 年）
下：我妈妈和尤尔·布林纳在威尼斯利多岛

他一个人丢在酒吧里不管了，这下那小伙可没钱喝酒了，不过也没钱回家了。朱塞佩很同情他，便借给他一万里拉，借的时候也没打算要他还，不料将近 4 年之后，这小伙子又回到了欧罗巴不列颠酒店，还给了这位侍者四倍的钱。一直以来，朱塞佩都梦想着要开个酒吧，地址都找好了，就在一座旧绳索仓库里，这笔钱正是他开酒吧所需要的，于是他就以这位美国赞助人的名字——哈利·皮克林——给酒吧命名。

哈利酒吧于 1931 年 5 月开张，很快就成了人们去威尼斯的好理由。名流们从世界各地蜂拥而来（查理·卓别林和奥黛丽·赫本等都来过），但是对才华横溢、经常飞来飞去的名流群体来说，这个地方太打眼，不是一个隐秘（同时也昂贵）的妥帖地儿。不过，哈利酒吧有名是理所当然的。首先是因为它的综合性，这里既是酒吧也是餐馆，还提供美味的饮料和鸡尾酒。鸡尾酒在当时的意大利还是很稀少的，人们大多会要求侍者开葡萄酒。

更特别的是，哈利酒吧发扬了威尼斯的双重性，改善了当地特色菜，他们供应用鳕鱼干做的慕斯、糖醋沙丁鱼、虾仁玉米粥（要用本地小虾）、威尼斯风味洋葱牛肝、墨汁烩饭、“春季”等。“春季”这道菜是妈妈最爱吃的时令菜之一，它将市场上所有能找到的蔬菜混合在一起，但每种菜又是单独烹饪的，如此一来，各种味道就不会相互干扰。

哈利酒吧有一道菜和一种酒水最为有名，它们分别以两位威尼斯画派大画家的名字命名，现已无版权地输出到世界各地，算是给了那些不能到离圣马可广场一箭之遥的瓦拉瑞索街的人（或者在附近找不到较便宜酒吧的人）一些慰藉吧。

从爸爸拍摄的家庭录像带中截取的照片（威尼斯，1970 年）

贝里尼鸡尾酒

6 人量

贝里尼鸡尾酒的名字取自乔瓦尼·贝里尼，乔尔乔涅和提香都曾是他的学生，你在吃小吃和去酒吧的间隙就可以去趟佛罗伦萨学院美术馆或者圣洛克大会堂欣赏他的作品。15 世纪后期，贝里尼运用他刺激感官的浓深颜色彻底变革了威尼斯画派的绘画艺术。在他的一幅油画中，有一位圣徒身穿粉红色的法衣，朱塞佩·奇普里亚尼便以此为灵感创造了一款酒来致敬这位艺术家。

2 个成熟的白桃，去皮后切成丁

DOCG 等级的科内利亚诺（Conegliano）产区或瓦尔多比亚代内（Valdobbiadene）产区的普罗塞克（Prosecco）起泡酒 1 瓶，冰镇

处理桃肉使其成为泥状，然后用细眼滤网过滤，以一份果泥配两份普罗塞克起泡酒的比例注入一个高脚小玻璃杯里，即配即喝。

其他做法

贝里尼鸡尾酒有很多种变化，其中有一些是用原先那种只有果泥与起泡酒的酒水制成。贝里尼最初是一种时令性鸡尾酒，要用白桃，但也可以用其他水果来制作，比如“罗西尼”（用草莓制作）、“丁托列托”（用石榴制作），还有“提香”（用康科德葡萄制作）。

烹饪建议

不要总惦记着用香槟酒。这听起来像是一种民族主义主张，但请相信我，用科内利亚诺产区或瓦尔多比亚德内产区的普罗塞克起泡酒，其浓厚的味道会提升桃子的芬芳，而用香槟酒则会闷死桃子的香味。

卡尔帕乔生牛肉片

4 人量

直到 20 世纪 50 年代，卡尔帕乔（1455—1525）还“只是”一位喜好运用黄色和红色的威尼斯画派大画家。但在今天，如果卡尔帕乔的名字被某些对 15 世纪艺术一窍不通却又喜爱经过充分调味、细切出来的生牛肉的人提起的话，都要归功于一位威尼斯伯爵夫人刻板（或者变化莫测）的饮食习惯。

1950 年一个阳光灿烂的日子，阿马利娅·纳妮·莫切尼戈（Amalia Nani Mocenigo）在午餐时分走进了哈利酒吧。她声称绝不吃肉，除非是生的。于是侍者就给她端上来切得极其薄的肉片，淋上一点儿用蛋黄酱和伍斯特沙司（辣酱油）做的调味料。这道菜的黄、红两色让朱塞佩·奇普里亚尼想到了卡尔帕乔的画布，而且这两种颜色还可以为菜增色。

2 个蛋黄

1 杯（240 毫升）特级初榨橄榄油

1 撮盐

1 撮白胡椒粉

1 个柠檬的汁液

3 大汤匙（45 毫升）牛奶

1 到 2 小匙（5 到 10 毫升）伍斯特沙司（辣酱油）

400 克牛里脊肉，切成非常细的薄片（要肉贩帮你切，或放到冰箱里冻 10 分钟再切）

取一个中号碗，将蛋黄、橄榄油、盐和白胡椒粉放在一起搅打。慢慢倒入柠檬汁搅打，直到蛋黄酱成形。掺入伍斯特沙司和牛奶搅拌，直到完全调和均匀，然后放冰箱里冷藏 30 分钟再上桌。把肉片摆到一个大盘子里，淋上上述酱汁。

其他做法

这种卡尔帕乔生牛肉片是 1950 年哈利酒吧里最初的做法，它还有无数种其他做法，最流行的也是口味最清淡的一种是生牛肉片配芝麻菜和帕玛森干酪粉。

无论你选择或发明什么调味料，记住：地道的卡尔帕乔生牛肉片要求在吃之前才将酱汁淋到肉上。如果你提前就把酱汁和肉搞到一起，那么放入冰箱中冷藏只要超过 10 分钟，你得到的就是腌渍肉而不是生肉。也许那样风味更佳，但是肉会失去鲜红色，要知道，正是那种鲜红色才让朱塞佩·奇普里亚尼想到了维托雷·卡尔帕乔。在家里，我们一般用橄榄油、柠檬和醋来给卡尔帕乔生牛肉片或生鲑鱼片调味，然后将其摆入以切成细末的生茴香为菜底的盘子里。

这听起来好像挺讨厌，但我对天堂的概念就是：罗伯特和两个儿子都待在家里（我讨厌分开），有狗狗们、一部好电影、一顿美味的饭和精彩的电视节目，这些一个都不能少。这种情景实现的时候我真的高兴得发疯。我的目标并不是拥有巨大的奢侈享受。还是小孩子时，我想要一栋带花园的房子，今天我拥有了。这就是我梦想的东西。

——妈妈在《拉里·金现场》中如是说，1991 年 10 月 21 日

妈妈在“和平之邸”的花园里采花（1971 年）

4

瑞士：

她的安全天堂

中国火锅（瑞士风味）：冬日里的温暖

当一份食谱中出现清炖肉汤时，罐装肉汤或者肉汤粉块一般会成为实用的选择。可是真正的清炖肉汤有一种与众不同的风味，因为它是由几种不同的肉一起炖出来的。[15]

——这段话是妈妈的助理从《范妮·法默烹饪书》里摘录并打印出来的。妈妈把这本书奉为“圣经”。

每到年关临近的时候，许多瑞士的家庭都会准备好做“中式火锅”（瑞士版“中国火锅”）所需要的各类炊具，做好大快朵颐的准备，静候来访的亲戚们。当然不是所有瑞士人都这样，但基本上都会，百分之九十吧，有些民意调查机构还求证过这一点。人们这样做是有充分理由的。如果突然有未料到的食客上门，火锅就是一道完美的佳肴，只要有做好的清炖肉汤就行。

即使是那些入籍瑞士的人，像我们这样的，也没有想过要放弃这个传统，只不过我们不在家里吃火锅。每次我们去格施塔德度假过新年和过复活节时，我们都必须有两晚在外过夜：其中一晚要在欧登酒店（The Olden）——这是一家地处村镇中心，既有历史厚重感又豪华的酒店，另一晚在古老的驿站罗斯黎酒店（The Posthotel Rössli）里过。

妈妈在瑞士圣莫里茨
（1958 年圣诞节期间）

罗斯黎酒店的菜是典型的“carnotzet”菜，“carnotzet”意指紧挨酒窖的角落，瑞士人会聚拢在那种地方喝红酒，不过最主要的还是吃拉克莱特奶酪或火锅。对妈妈来说，在山上最愉快的事，就是在猎狗与外国游客交织的“carnotzet”里跟亲友们一起度过夜晚时光。

妈妈在瑞士圣莫里茨（1954 年）

中国火锅（瑞士风味）

4 人量

在漫长冬夜里享用中国火锅再好不过了，它不同于奶酪火锅，奶酪火锅瑞士人一般是在午饭时吃，吃完后要出去散步（很明智）。注意：如果睡前吃奶酪火锅的话，你一定会做噩梦。

酱汁本来是要用蛋黄酱的，但妈妈喜欢更清淡一些的口味，就用煮老了的蛋黄来代替生鸡蛋。将蛋黄压碎后加入酸奶，滴几滴新鲜柠檬汁，再加盐和胡椒，以此为基础可以发展出许多种不同做法（蛋黄酱做法或鸡尾酒酱做法）。

清炖肉汤

1 大汤匙（15 毫升）特级初榨橄榄油

500 克牛臀肉，切成丁

250 克鸡胸，切成丁

500 克纯瘦小牛胸肉，切成丁

1 个胡萝卜，去皮后整根备用

1 根芹菜，整根放置备用

1 个洋葱，去皮后整个备用

1 瓣蒜，去皮后整个备用

香料包（欧芹和百里香各几枝，1 片干月桂叶，少许细香葱）

1 个人参，洗干净后去皮，整段备用

2 个香菇，去皮后切成四块

250 克优质牛肉糜

1 个鸡蛋清，打匀

蘸酱

餐桌上每人一小碗

红酱

300 克成熟番茄，粗切

4 大汤匙（60 毫升）白葡萄酒醋

2 大汤匙（28 克）糖

2 大汤匙（30 毫升）植物油

1 个洋葱，切成末

2 瓣蒜，捣碎

1 个甜红椒，切成细丁

1 小匙（4 克）红辣椒粉

4 大汤匙（6 克）切成末的欧芹

1 小匙（4 克）孜然粉

盐和胡椒粉少许

咖喱酱

7 大汤匙（100 克）蛋黄酱

7 大汤匙（100 克）原味酸奶

50 克苹果，去皮后切成细丁

50 克杧果，去皮后切成细丁

30 克葡萄干

1 个柠檬的汁液

1 大汤匙（8 克）马德拉斯咖喱粉

盐和胡椒粉少许

将所有配料调和在一起，然后用盐和胡椒粉调味

大蒜酱

7 大汤匙（100 克）蛋黄酱

125 克普通酸奶油

3 大汤匙（45 毫升）水

4 大汤匙（12 克）切成碎末的细香葱

3 瓣蒜，捣烂

盐和胡椒粉少许

将所有配料调和在一起，然后用盐和胡椒粉调味

辣根酱

将近一杯（227 克）法式发酵酸奶油

半个苹果，去皮后擦成丝

2 大汤匙（30 克）辣根，擦成细碎状

1 小匙（5 毫升）柠檬汁

盐和胡椒粉

将所有配料调和在一起，然后用盐和胡椒粉调味

肉

1 千克卡尔帕乔生牛肉片（切成极薄的优质牛肉片）

小牛肉、鸡肉以及猪肉的薄肉片，带壳对虾，任选

清炖肉汤：在一口大锅内以大火烧热橄榄油，将牛臀肉、鸡胸肉和小牛胸肉简单翻炒一下。移开锅，加入 3 升冷水把锅注满。放入各类蔬菜和香料包及人参。水烧开后盖上锅盖转为小火慢慢炖煮 4 小时，其间要将浮沫撇去。完成后放置一边冷却。将肉汤滤到一个盆里，捞出肉和蔬菜。将牛肉糜和鸡蛋清加入肉汤。盖锅盖，小火炖煮 1 小时。放置一边冷却后用细眼滤网过滤肉汤，需过滤两遍。可以提前做好这款清炖肉汤，冷藏一晚上。

制作红酱：取一口小锅，倒入番茄、酒醋、糖，开大火，不断搅拌，直到沸腾；冷却，然后用食品加工机将其精细榨成菜泥。将洋葱、大蒜、红椒和欧芹加植物油焖到变软后与番茄酱和孜然粉搅拌，再用盐和胡椒粉调味。

在桌子中央设一个大家共用的加热炉座，将一个深平底锅架于其上，把深平底锅中的清炖肉汤煮沸。将那些卡尔帕乔薄肉片切成两半，摆入一个大盘子内。你可以加入小牛肉、鸡肉、猪肉（同样切成极薄的片）以及对虾。餐桌上须给每一位客人都配备一个自己的盘子和一把大火锅叉。随个人口味，是要稍稍烫一下即食还是要多煮一会儿都可以，烫完后蘸着其中一种酱料吃。火锅最好的配菜当属法式炸薯条和肉饭。

公牛子弹鸡尾酒（The Bullshot）

1 人量

用最传统的做法做清炖肉汤（只有肉而没有蔬菜），需要点儿耐心和努力，但是在花费数小时做完后，你或许会成为一个更稳健的人。肉汤除了用于火锅或当汤“喝”外，还可以用作公牛子弹鸡尾酒的基本配料。

如果我们要在罗马庆祝圣诞节的话，那我们就会在爷爷、奶奶家里吃平安夜晚餐，然后在姑姑家里吃圣诞节午餐。每个人都会带几瓶葡萄酒过来，而爸爸则提供做公牛子弹鸡尾酒的配料，如果前一天晚上吃多了的话，那么这款酒会是一方屡试不爽的良药。

1 份伏特加

少许伍斯特沙司（辣酱油）

少许现榨柠檬汁

少许现磨黑胡椒

3 份清炖肉汤

少许塔巴斯科辣酱

用于调味的香芹盐

芹菜（非必须）

公牛子弹可以微温喝，也可以冷着喝，要倒入高的鸡尾酒杯中或者平底玻璃杯中，像血腥玛丽那样用芹菜来装饰。

上：在瑞士圣莫里茨照的家庭照，有我妈妈、外婆、舅舅伊恩和他的妻子伊冯，还有他们的女儿（1958 年圣诞节）
下：穿着滑雪服的妈妈，由桑福德·罗斯拍摄
右页：妈妈在圣莫里茨雪中的一组照片（1954 年）

和平之邸：鲜花、水果和生命的承诺

在我一生中，赚钱是为了拥有一套属于我自己的房子。我梦想着在乡村里有一套带花园和果树的房子。

——奥黛丽·赫本

妈妈一直都准备着从零开始。我记得在20世纪80年代中期的经济困难时期，她对担心破产的罗伯特说："那又怎样？即使我们什么都没了，我们不还有个花园嘛，我们可以种土豆吃啊。"

这并不仅仅是一时的突发奇想。在冷战时期的瑞士，每个自治市都不得不把所有可用的土地分割成适于种植的小块地，私人土地也不例外。计划精确到户，政府会告诉你如果战争真的爆发，你家需要做什么。每当世界要再次陷入混乱时，中立国瑞士都会随时做好准备，掐断与世界的联系，成为自给自足的地方。按照这份计划，"和平之邸"被指定要种土豆。

妈妈对战争相当了解。她觉得自己当年能从那个异常寒冷的冬天中活下来是因为命好。她从不曾忘记这一点，只要能幸存下来，此外的其他一切事情她都看作意外的礼物。演戏、电影、成功固然重要，但是比这些更重要的，是永恒的生命循环。

妈妈在"和平之邸"的花园里采花（1971年）

每当季节变更时，妈妈就会一边说："现在我们有……"一

我外婆埃拉父母的房子，在荷兰阿纳姆郊外的乌斯特毕克，20 世纪 40 年代“二战”时期妈妈和家人就住在这里

边列举水果和蔬菜，那种满足让当时还是小男孩的我感觉似乎有点儿夸张。但对她而言，每个生命的诞生或再生都是一个小小的奇迹，她为家人而耕种的花园就是实现这种奇迹的地方。

“和平之邸”最初是个干草仓，可能在成为住所之前还是个疗养院。妈妈在“和平之邸”的周围圈了一块地，基本上保证了她能自给自足。她竟然还打算养兔子和鸡，但后来因想到它们要被屠宰而作罢。

鹳、石貂和母牛……各种不同的动物都曾在“和平之邸”逗留过（其中有一些是家养的，有一些则是食用的）。在 1987 年那个炎热的夏天里，母牛们被允许到花园里来吃草，搞得看家狗们都有些为难了。园丁乔瓦尼跟我说，有一天早晨他还看到池塘里有几只野鸭。妈妈说过她希望下到水里而又不惊吓到它们，她也真的做到了。

在妈妈 20 世纪 60 年代中期购得这套房子之后，这里的花园经历了一个缓慢的转变。初期这里很雅致但并不充实，就是个有山莓、醋栗丛和覆盆子的非常英国化的角落。花园的管理人是尼克尔先生，他品德极好，妻子是一位质朴的女人，尽管常年生病，却活得比他还长。尼克尔先生同时还是我们的司机，但他两样工作都做不好，用我爸爸的话说就是：“他开起车来像个园丁，但侍弄起花园来又像个司机。”

我们的园丁乔瓦尼·奥鲁内苏就住在花园后面，他用创纪录的南瓜和绿皮西葫芦让花园整个变了样。在“和平之邸”，我们的饮食随季节更替而变化，但有一样东西例外，那就是我妈妈喜爱的番茄酱。乔瓦尼会在 7 月初采摘下番茄，然后全部冷藏起来，这样我们就可以一年四季都吃到它了。

我们的餐桌上从不缺绿色蔬菜，就连做奶油番茄汤的食材也是从花园里摘来的。水果很丰富，有青梅、阿巴特梨（和葡萄酒简直是绝配，可以做成“酒梨”）和许多苹果，我们就用这些水果来做果汁、果酱和烤肉酱。就制作果酱而言，我们会用到鲜李子、李子脯、覆盆子、桑葚、木梨、樱桃、黑樱桃和红樱桃（妈妈喜欢在早餐时吃红樱桃酱）。我们还在花园里种了一整排食用大黄，4、5月份收割之后制成蜜饯。至于桃子，我们就只能找邻居要了，因为我们自家的桃树一直都不愿完成结果子的任务。到了9月份，我们还会到附近的农场里掰玉米棒子，这样我们就可以配上自己种的胡萝卜一起煮或烤了。

妈妈对农作物的热情也延伸到了那块地上的树和花上。她在出差时会打电话询问一切关于人、狗、农作物和树的最新情况。一天乔瓦尼告诉她，她喜欢的那株柳树染上了严重的病害，而当她回到家时，那株柳树已经被连根拔起了，她给身在罗马的我打电话诉说这一切时，几乎都要哭了。

最后，也是最重要的，就是花园里的鲜花。妈妈在少女时代曾在英国和一个矿工家庭一起过暑假，那时就知道了许多花的名字。她投入了极大的热情照料花儿，就像在做一件极其重要的事情一样，还用乔瓦尼那神奇的堆肥来滋养它们。她总想让房子里充满鲜花的芬芳，每天早晨，她都亲自到花园里采摘，然后带着满满几篮子花回来。随着电视剧《奥黛丽·赫本的世界花园之旅》（*Gardens of the World with Audrey Hepburn*）播出，妈妈对园艺的酷爱成了众所周知的事情。在荷兰，人们用妈妈的名字命名了两种花：“奥黛丽·赫本郁金香”和“奥黛丽·赫本玫瑰”，她觉得这种敬称是“发生在自己身上最浪漫的事”。

鲜花并不仅仅代表妈妈的审美情趣，还深入到她的灵魂深处，变成一种生命和成长的承诺。当妈妈知道自己时日无多，而乔瓦尼又不知该如何独立照料花园时，她对他说："我会继续帮你的，只是会换一种方式。"

汤

维希冷汤

4 人量

维希冷汤的灵感源自乡愁，源自对童年味道和遥远家乡的怀念。美味佳肴常常都是在这种情绪下诞生的。

1917 年夏季，纽约丽思卡尔顿酒店（Ritz-Carlton）的厨师长路易·迪亚特非常担忧他的故国法兰西，战争让他很沮丧。他的思绪总是回到多年前一个炎热的夏天，那时他和哥哥会将他们奶奶做的传统韭葱土豆汤放凉，然后倒入一点儿牛奶食用。

这个汤对于他的意义就像是马塞尔·普鲁斯特在茶里蘸着吃的那块玛德琳蛋糕。但路易·迪亚特不是作家，他只是个厨师，所以他没有写出《追忆似水年华》，而是给这个再创造的菜肴起了个名字——维希，这是离他出生地蒙马罗最近的一座城市的名字。

1 个洋葱，去皮后细切成薄片

3.5 大汤匙（50 克）无盐黄油

2 个土豆，切成丁

现磨肉豆蔻少许

半杯（120 毫升）奶油

2 根韭葱中心部位（葱白）

1 升鸡汤

1 大汤匙（3 克）切成末的细香葱

伍斯特沙司

开最小火，用黄油炒切成薄片的洋葱和韭葱白，约 15 分钟。加鸡汤、土豆、细香葱、肉豆蔻，还有用于调味的伍斯特沙司，炖 30 分钟。倒入奶油，把所有食材搅拌到一起。在冰箱中冷藏至少 4 小时。为追求口感纯正，建议提前一天就做好。

上左：从“和平之邸”的花园中采到的鲜花（20世纪90年代）

上右：妈妈与康妮·沃尔德，还有大量鲜花（“和平之邸”，1967年）

中左：和康妮在瑞士格施塔德（1967年）

下左：在“和平之邸”的白色客厅内（20世纪80年代初）

下右：印出来的维希冷汤食谱，来自我妈妈的食谱书

VICHYSSOISE

Purists demand unsalted butter for this soup. For perfectly blended flavor, prepare the day before serving.

- 2 tablespoons butter
- 2 leeks (white part only)
- 1/2 onion, minced
- 2 cups chicken stock, canned or homemade (p. 206 Fannie Farmer Book)
- Sprig of parsley
- 1 small stalk celery
- 1 potato, sliced thin
- salt and pepper
- few grains nutmeg
- few drops Worcestershire
- 1/2 cup heavy cream

Melt the butter in enamelware or glass saucepan, add leeks, cut fine, and onion. Cook very slowly until tender but not brown. Add stock, parsley celery, potato and seasonings, and cook until potato is tender. Put through very fine sieve or mix in an electric blender. Add more stock if necessary to make 2 cups.

Just before serving stir in cream.

If desired, season delicately with Maggi's Seasoning or curry powder. Serves 4.

番茄奶油汤

4 人量

乔瓦尼会在 7 月的第一个星期采摘番茄，如此一来我们就可以经常在夏季午餐时吃到番茄奶油汤了。他的妻子罗齐塔是个出众的厨师，她做这道汤时会把大葱（葱白和葱叶）在油里炸至焦黄，然后加入去皮剁碎的番茄。番茄汤一般用黄油做，但在“和平之邸”，我们的番茄奶油汤是用橄榄油做，吃时滴几滴油，再加一小壶淡奶油。

2 大汤匙（30 毫升）特级初榨橄榄油

2 到 3 根大葱，带葱叶，细切成薄片

1 千克新鲜熟透的番茄，去皮后粗略切碎

1 到 2 大汤匙（15 到 30 毫升）蔬菜汤

多脂奶油，吃的时候加

在大号煎锅内以中火加热 1 大汤匙（15 毫升）橄榄油。放入大葱连同绿葱叶一起炒至浅棕色。放入番茄，间或搅动一下，一直将其炒至糊状。转小火，加入菜汤，炖 20 分钟。最后用果汁机搅打一遍。加少许奶油，微温时上菜。

“和平之邸”外墙上的标示牌

蔬菜奶油汤

4 人量

用罗齐塔的话来说，这道蔬菜浓汤“经常是家庭午餐里的第一道菜”。不过说老实话，儿时我曾把它看作每日的惩罚，如果不喝蔬菜奶油汤，就是喝蔬菜通心粉汤，整个星期只有一天除外，这是我们那一代许多孩子共同的“命运”。

而现在我却怀念这种汤，我很乐意在“和平之邸”采摘一些瑞士甜菜、绿皮西葫芦、胡萝卜、菠菜、土豆和芹菜，然后做这道菜。我在马雷马（托斯卡纳南部地区）时非常欣慰，因为那里的菜园子给了我极大的满足。我敢肯定，要是我把那些装满菜的篮子拿进厨房的话，罗齐塔会很高兴的。

做蔬菜汤有一个基本的原则：要用直接从农场运来的应季成熟食材，如果可能的话最好是有机培植的。下面的做法是针对夏季的建议，你可以发挥自己的创造力来试试。

8 片瑞士甜菜叶

3 个小绿皮西葫芦（大一点儿的一般会发软，口感差一些），切成薄片

2 个胡萝卜，去皮后切成薄片

现磨帕玛森干酪少许

12 片菠菜叶

1 个成熟番茄，切成薄片

盐少许

1 个土豆，去皮后切成薄片

特级初榨橄榄油少许

加 2 升带少许盐的冷水到一口大号锅内，放入各种蔬菜。大火煮沸，然后转为中小火。不盖锅盖炖蔬菜大约 1 小时，以便收汁。把蔬菜煮成菜泥，然后用食品加工机搅打成汤。上桌时淋几滴特级初榨橄榄油，根据口味加入帕玛森干酪。

黄瓜配酸奶

4 人量

这个组合我没有做任何创新。黄瓜配酸奶是一道传统的地中海式菜肴，从希腊到黎巴嫩，在一长排的开胃拼盘或小菜中你总能发现这道菜，它是名副其实的每餐开胃菜（有时也是最后一道菜）。在希腊人们叫它 tzatziki（里面有很多大蒜），在黎巴嫩则被称为 Laban B’khiar（其中加入薄荷，更清爽）。

即便是在瑞士，黄瓜一般也是作为配菜出现的，在夏日花园自助餐中和其他沙拉或冷菜并置。小黄瓜的口感更好，水分也少，而且基本上没有籽，如果你找不到小黄瓜，那就适当减少黄瓜的用量，并且在切成丁之前先去籽。

8 根小黄瓜，去皮后切成碎丁
200 克原味希腊酸奶，即脱乳清酸奶（浓缩酸奶）
特级初榨橄榄油少许
粗海盐少许
剁碎的鲜薄荷叶少许

在滤锅或者水槽里放一个碗，在其中放入用少许粗海盐调过味的切成丁的黄瓜。在黄瓜上放一个碟子，碟子上置一轻量的物体（比如一包糖），至少放置 30 分钟。这有利于排出黄瓜中过多的水分和酸味。将沥干了水分的黄瓜和酸奶搅和在一起。冷藏，等吃的时候再取出，吃时加一点儿薄荷和橄榄油调味。

在一个干旱的夏季，托洛彻纳茨的奶牛到“和平之邸”的花园里来吃草

凉拌卷心菜

4 人量

凉拌卷心菜现在已经进入快餐连锁店了，人们都理所当然地认为它是一道典型的美国菜，源自南部猪肉烧烤和炸鸡宴会，但其实它起源于荷兰，名字也来源于荷兰（原来叫 koolsalade，“卷心菜沙拉”）。

这个做法是妈妈最喜欢的。有一次她和罗伯特·沃尔德斯的家人在佛罗里达州的长船礁吃饭后，罗伯特的姐姐把这个菜的做法教给了她。

1 个中等个头的白卷心菜或绿卷心菜，挖掉菜心

酸奶油酱

1 杯（230 克）酸奶油

2 大汤匙（30 毫升）现榨柠檬汁

2 大汤匙（30 毫升）醋

1 小匙（5 克）糖

1 小匙（5.7 克）盐

1/4 小匙（1.6 克）胡椒粉

1 小匙（5 克）芥末

简易卷心菜沙拉酱

1 大汤匙（14 克）糖

2 大汤匙（30 毫升）醋

1/4 小匙（1.4 克）盐

2 大汤匙（74 克）蛋黄酱

除去外层的卷心菜叶，然后将余下的卷心菜切成细丝。跟你选择的酱搅拌，充分润湿。冷藏后再吃。

其他做法

凉拌卷心菜有无数种变化，可以加紫甘蓝或根芹，更不必说水果了，尤其是苹果。

炒胡萝卜

4 人量

乔瓦尼从花园里挖出胡萝卜后，我们大多数情况下会把它作为烤肉的配菜生吃（擦成丝就着柠檬汁）、烤着吃或者做成菜泥吃。

1 千克胡萝卜，去皮后切成薄片

1 小匙（5 克）蔗糖

1 大汤匙（14 克）无盐黄油

剁成细末的欧芹

中号锅内烧开水，把胡萝卜放进去焯一下使之软化，大约 5 分钟。

开中大火，在一口中号锅内放入黄油和糖。用一把漏勺将胡萝卜从水里捞起放入这口锅内。翻炒大约 10 分钟，直到其烧焦变色。撒上剁成细末的欧芹，上桌。

胡萝卜泥

4 人量

6 根胡萝卜，去皮后切成 1.3 厘米左右的丁

盐少许

1 大汤匙（18 克）多脂奶油

3.5 大汤匙（50 克）无盐黄油，将其软化

现磨黑胡椒少许

将胡萝卜放入一口中号锅内，加少许水并煮开。当胡萝卜变软时，将其转入装配有金属刀刃的食品加工机中。加黄油、盐和胡椒调味，然后加奶油（你可以根据需要控制奶油的用量），搅打至均匀混合。如果你喜欢烟熏味重一点儿，可以将去皮的胡萝卜包在铝箔纸内，放到户外烧烤架上烤 45 分钟。这样做出来的胡萝卜泥风味更浓郁，和烤肉很配。

土豆球

4 人量

土豆球是我们喜欢的配菜之一。罗齐塔回忆道："一有了新土豆她就会做土豆球。"新土豆是指在土豆完全成熟前就被挖出来的早期嫩土豆，通常是在春末挖出。罗齐塔会把土豆皮削去，然后用挖球器把它们挖成一个个球。

1 千克土豆

用于润滑的无盐黄油

预热烤箱至 200℃。抹黄油于烘盘上。

土豆削皮，然后把土豆都挖成一个个球，边挖边将其放入冷水中。将土豆球放入一个中号深平底锅内，加入深 2.5 厘米左右的水。水煮沸后继续煮土豆 5 分钟。用一把漏勺将土豆球捞到准备好的烘盘上，注意土豆球不要摞在一起。烘烤大约 20 分钟，到它们变得松软且呈金黄色为止。

玉米棒子

"和平之邸"周边有很多玉米田。我们自己没有种玉米，但是从 9 月份起邻近田里的玉米棒子会被当作礼物送给我们。我们每个人都喜欢吃玉米棒子，包括妈妈在内，去美国看她的朋友康妮·沃尔德的时候经常吃。

玉米棒子，至少一人一根

无盐黄油备用

全脂牛奶

盐备用

玉米棒子有多种做法。要烤玉米棒子的话，就放到户外烧烤架上去烤。烤炙前先把剥去外皮的玉米浸到水里放 15 分钟。

我们家通常吃煮玉米。煮嫩玉米的秘诀就是在平底锅中放入等量的没过玉米的水和牛奶进行烹煮。煮 10 分钟后掀开锅盖。趁热把黄油和盐抹在玉米上。

康妮·沃尔德的醋油酱

将近 1 杯

康妮·沃尔德做醋油酱很拿手，我妈妈六十岁生日时她还从美国带了几瓶送给她。原料中她没有用葡萄酒醋，也没有用意大利香醋，而是用米醋，把米醋和橄榄油、酱油、盐、柠檬、胡椒、少许芥末酱混合起来就形成了一种特有的味道。为了增加醋油酱的风味和稠密度，康妮还会搅打进去半块熟透的鳄梨。

半杯（120 毫升）特级初榨橄榄油

1/4 杯（60 毫升）未调味米醋

半个柠檬的汁液

1 小匙（18 克）蜂蜜芥末酱

半个成熟鳄梨

少许酱油

将除了酱油之外的配料放入食品搅拌机中搅拌，然后根据口味加入酱油搅拌混合。

妈妈、康妮·沃尔德和妈妈的第二只约克夏犬（“和平之邸”）

蜜桃沙拉

6 人量

我们在“和平之邸”一般都是按照罗齐塔教给我的做法来吃桃子的。我们自己不种桃树，但是按照乡下特有的物物交换习俗，我们可以从邻居们那里得到桃子。

6 颗桃子，去皮去核，切成瓣

1 个柠檬，现榨

3 大汤匙（40 克）糖

1 把鲜薄荷叶

在一个大碗里用糖和柠檬汁拌桃子瓣，然后腌渍 1 小时。将桃瓣放入一个大盘里，用鲜薄荷叶点缀。

其他做法

在意大利，我们有时会加一把松仁。还有一种方法是在蜜桃沙拉里掺入一杯红酒，然后放冰箱里腌渍 2 小时，这是我们很喜欢吃的夏季甜点之一。我的奶奶保拉爱吃烂熟的桃子，她曾给我们炫耀过那种桃子，但我们还是对那几乎腐烂的桃子外皮有点儿怕。不过她也是对的，那味道让我们心服口服。

康妮（“和平之邸”）

和安德鲁·沃尔德一起吃露天午餐（“和平之邸”）

罗齐塔的苹果蜜饯

8 人量

于贝尔·德·纪梵希曾述说过他最后一次和我妈妈在“和平之邸”散步时是如何被浓烈的苹果味所吸引的。“我想知道这味道是从哪里来的，便循着气味而去，于是就发现了堆满秋收苹果的地下室，那些苹果是马上要捐赠给‘救世军’的。”

我们家里绝不会没有苹果，事实上，苹果几乎泛滥成灾。罗齐塔会随着季节变化而对这道美味蜜饯的基本做法稍加调整。我们也经常和大家一起做苹果布丁和苹果汁。

1 杯（200 克）糖，适量外加一些

8 个苹果（嘎拉苹果或富士苹果），去皮去核，切成厚瓣

1 大汤匙（15 毫升）柠檬汁

将 4 杯量的水烧开，加糖后搅拌混合。加入苹果，转为小火。炖煮 15 到 20 分钟，到苹果变软为止。加柠檬汁，尝一尝，如果需要就再加点儿糖。用一张细眼滤网过滤，或者用搅拌机打一遍。

其他做法

冬季版

我们男孩子寒假时很喜欢吃这个。罗齐塔会把蜜饯摆放到一个烘盘上，加上多脂奶油和蔗糖。然后以 200℃的温度烘烤，直到添加的配料变成焦糖为止，然后把蜜饯配上饼干一起端上来。

夏季版

夏季，罗齐塔会做相对清淡的口味。按照通常的做法准备蜜饯，冷藏一晚上。在端上桌前 30 分钟，把一个鸡蛋清搅打到变浓稠后，与苹果拌到一起。取一个大盘子，用一排苹果片点缀其边缘，蜜饯放置在中间，另外，上桌时还要配上香草冰激凌。

大黄蜜饯

罗齐塔告诫我们，清理大黄必须要像清理芹菜那样，除去叶子（叶子也可以吃但是苦味太重），将茎秆切成 5 厘米左右长的短棒。在一个中号锅内倒入一杯水，加若干蔗糖，待水沸腾后煮大黄，直至其完全变软。煮的时间和糖的量要视大黄和你自己的口味而定。微温或者冷却后上桌，配上一点儿多脂奶油或者香草冰激凌。

我妈妈钟爱的柳树（“和平之邸”）

apple crumb.

Peel + core 3 apples large
slice thinly
cover bottom shallow
baking dish with
$\frac{1}{2}$ of apples, sprinkle $\frac{1}{2}$ cups sugar
and cover with remaining apples
Combine 1 cup flour
1 " brown sug.
nuts?
cream $\frac{1}{2}$ cup butter
and work into mixture
add $\frac{1}{2}$ teasp. cinnamon
Spread mixture over apples
pressing down — slashes

P.S. I love you!

Bake mod. oven 50 mins

© CORONET GEN'L

康妮的苹果布丁食谱

苹果布丁

4 人量

1 大汤匙（14 克）无盐黄油

半个柠檬的汁液

1 小匙（6 克）肉桂粉

5 个金冠苹果，去皮去核后切成 1.3 厘米左右的丁

3/4 杯（150 克）红糖

酥皮配料

0.3 杯（180 克）面粉

120 克无盐黄油，切成丁

120 克蔗糖

吃时配的香草冰激凌或鲜奶油

预热烤箱至 200℃。用黄油涂抹一个 24 厘米的烘盘。

在一口大炒锅内熔化黄油，然后加入苹果、柠檬汁、红糖和肉桂粉。炒 2 分钟后关火。

在一个大碗内飞快地混合面粉、蔗糖以及黄油，用以制作酥皮。将苹果倒入准备好的烘盘内。在苹果上盖上一层酥皮混合食材。烘烤 30 分钟。等其表面变为金黄色时即从烤箱内取出冷却。

苹果布丁微温时上桌，配以香草冰激凌或者鲜奶油。

“和平之邸”信头

酒梨

4 人量

1.2 杯（300 毫升）红葡萄酒

1 杯（200 克）糖

1 个肉桂棒

3 或 4 颗丁香

2 或 3 颗小豆蔻，捣碎

4 个博斯克梨（其他品种也行，比如阿巴特梨），去皮后带果柄整个留下

吃时备用的香草冰激凌

取一口锅，要大到足够容纳 4 个梨，倒入一杯（240 毫升）水，加入葡萄酒和糖，开中火煮沸。加肉桂棒、丁香以及捣碎的小豆蔻。两分钟后放入梨子。转为小火炖 10 到 15 分钟，翻转梨，使其在汤汁中均匀浸泡。小心地将梨从汤汁中取出，盛放到一个大盘子里冷却。用一张细眼滤网将汤汁滤到一个深平底锅里，然后以小火收汁，直到其成为糖浆状。将汤汁浇到梨上。配以香草冰激凌一起上桌。

妈妈画的“和平之邸”花园，这幅油画现在挂在我罗马的家里

厨房之外：乔瓦尼的堆肥

很多人都没有意识到，其实大多数蔬菜都是“食肉动物”。针对这一点，英国女士们提议把肥肉“种植”在玫瑰花的根茎周边，然后任其腐烂。这种方法有点儿过火，因为如果你有一只狗，它鼻子敏锐又性喜掘地的话，就存在一定风险了。

妈妈有四条狗，而乔瓦尼也自有照料室内植物的方法，用不着去肉店。

乔瓦尼弄出来的肥料绝对是竞赛级别的，它们中最主要的是那堆庞大的，冒着热气的大堆肥，它是一个地界标志，把他的领地（类似于瑞士土地上的地中海飞地）与“和平之邸”的正式园丁尼克尔先生的那块贫弱得多的领地分开。

用“庞大”一词来形容这个土堆并不为过，它的高度超过了四米，主要由割下来的花草组成，坠落后腐烂的果子也混在其中以增加肥度。乔瓦尼会从堆肥的底部把肥沃且散发着香味的泥土一整车一整车地取出来。

堆肥中还有大量繁殖迅速的蠕虫，在爸爸与瑞士人进行钓鳟鱼比赛时，这些蠕虫可帮了他大忙。它们也为妈妈的鲜花和蔬菜提供了必要的有机养分。

妈妈画菜园子所参照的照片

三文鱼烤土豆：除夕大餐

在我小的时候，我们家仍然维持着“特殊场合餐”的传统，不是想吃什么东西就可以吃到。比如，烟熏三文鱼就只有在圣诞节以及除夕夜才能吃到。因此，对我这样的小孩子来说，烟熏三文鱼也成了期待节日降临的原因。

过去我们通常会在乡下的“和平之邸”过圣诞节，大家一起爬山来庆祝一年的结束。妈妈在瑞士阿尔卑斯地区的格施塔德有栋度假小屋，我们一直都在那里吃年夜饭。妈妈在20世纪70年代买下了这栋房子，每个人都很喜欢这里。不过它太小，办不了大型的社交聚会，我们围着桌子才能挤八个人。因为妈妈喝香槟会胃痛，所以在那儿我们不是用香槟祝酒，而是喝从“我们的”莫尔日[①]生产出来的“独角兽”（La Licorne）牌黑皮诺葡萄酒，或者艾格勒（Aigle Les Murailles）白葡萄酒。

晚上最令人兴奋的是我们从露台上探出身子战战兢兢地点燃花炮的时刻，这在格施塔德可是不守秩序的行为，正如1976年电影《粉红豹系列：活宝》中布莱克·爱德华兹让德雷福斯警官（赫伯特·罗姆饰）说的台词一样，那个时候的格施塔德真的是“阿尔卑斯地区的天堂”。不过克鲁索警官（彼得·塞勒斯饰）

妈妈在瓦伦蒂诺和杰卡罗·吉米迪的家里（瑞士格施塔德）

① 莫尔日是瑞士的一个小镇，奥黛丽·赫本就居住在该镇外面的托洛彻纳茨村，所以此处称“我们的”。

妈妈和我在格施塔德（1977 年）

现身之后却将这地方说成是“一处荒原”，因为这里确实也是一个很守旧的地方。

在成长的过程中，我一直坚持要放“轮转烟花”和“火山”之类的焰火，妈妈在多次反对后也同意了。但是，有一年的新年却也因为焰火而没过好，一颗炮仗在我的滑雪帽里爆炸，帽子表面着火了，就像电影里克鲁索警官那样。虽然我没有受一点儿伤，但那场景真的很丢脸。

布莱克·爱德华兹和他妻子朱莉·安德鲁斯都是妈妈的好朋友，以前他们两人每年冬天都到格施塔德来。据当地人说，有一年朱莉把英裔传统风俗的圣诞彩灯带了过来，想要调和一下瑞士的那种严肃感。她给村庄捐献了成串的小灯泡，装饰在镇中心的房檐下，人人都很高兴，只不过后来她收到了一张高额的电费单。

我还记得她来吃晚餐的那天，我那时八九岁的样子，坐在桌子边，头发梳理得很整齐，衣服熨得平平整整，有一点点拘谨。即使我对好莱坞名流们再无知，我也知道能和“玛丽·波平斯”一起吃饭不是天天都有的事。不过朱莉·安德鲁斯很快就让气氛活跃起来，没有让任何人感到拘束，她还教我用下颌牙吹口哨。

那次晚宴的餐桌上有鲁杰蒙多姆奶酪（tomme de rougement cheese）和产自瑞士格劳宾登地区的牛肉干，在它们中间的就是主菜，一个个包在铝箔纸里的硕大土豆，里面塞满了烟熏三文鱼。“窈窕淑女”伊莉莎·杜利特尔可能在最地道的伦敦酒吧里见过类似的菜。

上左：“和平之邸”的圣诞树（1975 年）
上右：罗齐塔和乔瓦尼·奥鲁内苏的女儿玛丽莱娜和我在打桌上曲棍球（格施塔德，1975 年）
下左：爸爸和我在“和平之邸”的圣诞节餐桌旁
下右：妈妈和我在罗马过圣诞节（1974 年）

三文鱼烤土豆

4 人量

4 个烘烤用大土豆

100 克酸奶油

1 束细香葱，剁成碎末

120 克优质无盐黄油

4 片熏野生三文鱼，切成条状

预热烤箱至 180℃。

把土豆分别包在铝箔纸里，小心地封好。在烤架上烘烤大约 45 分钟。用一把餐叉扎入土豆来检验熟的程度，如果餐叉能滑畅地扎进去，就说明土豆熟透了。把土豆从烤箱内取出，在铝箔里停留几分钟，直到它们冷却到可以用手触碰。用一把锋利的刀具将它们切开，加上一片黄油、一团酸奶油、熏三文鱼和少量细香葱即可。

其他做法

有很多种不同方法可以给烤土豆调味。在英国，人们经常把“带皮烤土豆”作为主菜（可能也是唯一的菜），我们过去在新年时就常常这样做。烤土豆可配各种各样的填料，比如，软干酪和鲟鱼鱼子酱等。

如果剩下一点儿熏三文鱼的话，你可以把它放到无盖三明治上。北欧做法是配黑面包、黄油和新鲜冬葱片，地中海做法则是配刺山柑和红洋葱。

烹饪建议

箔片包着的土豆在气烤炉和电烤炉中烤出来确实很美味，但是最好还是在木炭火上烤，放到户外烤架上或者火炉里。

右页上：妈妈和我在瑞士格施塔德（1971 年）

右页下：妈妈跟谢丽尔·多蒂、卡普辛还有我在格施塔德（1971 年）

格施塔德香蒜酱：阿尔卑斯山上的执拗

一年冬天，受瓦伦蒂诺和杰卡罗的邀请，我们到他们在格施塔德的漂亮度假小屋里去参加了一个非常高端的宴会。几天后，我们回请他们到我们的房子“里科小屋”来和我们一起吃饭，不过是很简单的便饭。奥黛丽准备了奶油香蒜酱、产自格劳宾登的肉，还煮了新土豆。

——罗伯特·沃尔德斯

有两件事让妈妈非常自豪。第一件是在电影《盲女惊魂记》里扮演苏茜这个角色，学会了像盲人那样“看不见”。导演特伦斯·杨曾建议她戴一副专门的镜片，但她觉得眼镜会让她的脸看起来毫无表情，于是她便跑到纽约的“盲人光明之家”去训练。

她从没有为了一部电影那般辛苦卖力过，但她却同样很自豪，因为那不是通常的“奥黛丽”角色。作为一个小男孩，我也想看到她的另一种银幕形象——公主角色的确是太不切合实际了。当我第一次观看詹姆斯·邦德电影时，我还劝妈妈去跟“好莱坞”（反正就是那类机构）要求演个恶魔头的角色，但没成。

第二件让她感到自豪的事情是她与时装设计师瓦伦蒂诺的关系。妈妈在他成为“天王”之前很久就认识他了，那时候她问她的

爸爸给妈妈拍的照片（大约在1969年）

在瑞士格施塔德的瓦伦蒂诺和杰卡罗家里，我妈妈和罗伯特坐在用绵羊皮制造的沙发上

朋友洛里安·弗兰凯蒂·加埃塔尼－洛瓦泰利，能否介绍一位罗马的优秀设计师给她。洛里安便推荐了一位年轻的新秀：瓦伦蒂诺·加拉瓦尼。

多年以后，当瓦伦蒂诺筹备他的从业二十五周年纪念展时，他还向我妈妈借过他曾为她做的那些衣服。他收到衣服后给她打电话致谢说：“你是唯一一个珍重对待我的衣服的人，它们就像新的一样。”妈妈听了这话后感到特别荣耀和自豪。

瓦伦蒂诺是妈妈的朋友，他们之间既喜欢又互存钦佩，但同时也为了表示敬意而保持一定的距离。我还记得在家里等待瓦伦蒂诺和杰卡罗·吉米迪来吃饭时，妈妈兴奋得如同少女，她想以她自己的方式来表示欢迎。瓦伦蒂诺邀请她参加过一次高端宴会，她要用一顿意大利面回请。

在格施塔德，妈妈有她自己的朋友圈，其中包括意大利社交圈（我爸爸和他的兄弟们打小就活跃其中），和一个小小的“山上好莱坞”（由妈妈最要好的朋友组成）。我记得其中有罗杰·摩尔（我就是这样发现这个“詹姆斯·邦德”不会滑雪的）、罗伯特·瓦格纳、演员兼模特卡普辛、朱莉·安德鲁斯，以及布莱克·爱德华兹。

妈妈和她的伴侣罗伯特在格施塔德住过很长时间。她爱待在山间，一方面是因为那里房子小，简朴，布置简单，另一方面也是因为没有房间给她亲爱的、但又无处不在的乔凡娜居住。“夫人，你要做什么？”乔凡娜总是异常焦虑地问她。“别担心，我会处理好的。”她可以亲自做所有事，包括购物和做饭，而且下定决心要把事情都做好。这次，她想为瓦伦蒂诺做意大利香蒜酱宽面条，但在奥伯朗特地区她要去哪里找罗勒呢?

妈妈是个执拗的金牛座女人，她没有放弃。她逼着可怜的罗伯特驾车在格施塔德附近的三个山谷来回穿梭，在每个村镇的每个店铺前逗留，收集所有能买到的罗勒叶。不过我妈妈虽固执但也务实，最后她打算折中一下，用欧芹代替剩下没能凑齐的罗勒，于是“格施塔德风味”香蒜酱就这样研制成功了。

我应该在此说明，妈妈的香蒜酱和传统的香蒜酱根本不同，传统香蒜酱的做法自从 19 世纪中期起就没变过，热那亚人为之骄傲是无可非议的。正宗的香蒜酱要求耐性和克制，且对所用原材料和器具有严格限制。传统的做法我会放在“其他做法”里讲。

妈妈的香蒜酱则有着完全不同的特色。它做起来飞快，在我的朋友们没有时间做饭时，我就会把这款酱介绍给他们。我第一次做这个酱时，他们都惊恐地盯着我，对他们来说，香蒜酱意味着耐心，意味着费力，这种非传统做法只能是一种古怪的外地杂烩。但结局却是，他们在尝过之后就从我这儿偷走了这道菜的食谱。

妈妈在侏罗山徒步

格施塔德香蒜酱意面

6 人量

600 克意大利宽面条

1 杯（50 克）欧芹叶

1/3 杯（80 毫升）特级初榨橄榄油

4 块核桃仁，或者 2 大汤匙（20 克）松仁

2 杯（50 克）罗勒叶

半瓣大蒜，剁碎

2 大汤匙（30 毫升）牛奶或者原味酸奶

1/3 杯（40 克）磨成粉状的帕玛森干酪

煮面时水要充裕，加少许盐，水煮开后下面。

用手或剪刀将罗勒叶和欧芹叶撕碎，除去苦茎，然后放入食品加工机中。加入大蒜、橄榄油、少许牛奶、核桃仁。搅拌加工，直到它们完全混合成泥状。把剩下的牛奶倒进去，再加一点儿面汤，简单搅拌以调和。把香蒜酱倒入一个大碗里，撒入帕玛森干酪，搅拌调和。

面条煮到熟而有咬劲的时候捞起来，和香蒜酱一起搅拌均匀使酱汁裹在面上。

其他做法

热那亚香蒜酱：

要制作地道的热那亚人香蒜酱需要一个大理石臼和一把木杵。用冷水冲洗罗勒叶，然后将其放到洗碗巾上晾干。同时把大蒜瓣放入臼里捣碎（按每 30 片罗勒叶配一瓣大蒜的比例）。一边慢慢加入罗勒叶（一次加几片），一边长时间来回往复旋转地捣。当叶子开始变成绿色汁液时，加入一把松仁和若干磨碎的奶酪（帕玛森干酪或撒丁岛佩科里诺干酪为佳），最后，加入特级初榨橄榄油。

红香蒜酱：

红香蒜酱是妈妈食谱上一种红色的香蒜酱。做的时候在食品加工机中直接减少一半数量的罗勒叶，然后加入 100 克到 150 克的番茄干。上菜时应配上帕玛森干酪碎片。

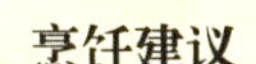

烹饪建议

你可以随意制作香蒜酱，但是如有可能，还是要像热那亚人那样用小的罗勒叶；它们不仅更小，而且还更香、更嫩。如果你愿意的话，在自家厨房窗台上种植些自己的作物当然更好。

妈妈和康妮在侏罗山

匙子牛肉：应对生日惊喜

这是一种炖牛肉，做起来需要花费很长时间。它是于贝尔·德·纪梵希先生的最爱，他一直都想吃，我也总会给他配上土豆泥。

——罗齐塔·奥鲁内苏

我觉得仿佛还是昨日发生的一样，爸爸说："虽然挺难的，但我跟你妈还是成功地找到了烹饪方法。"他的声音里充满了满足，因为很少有食谱书里会写这道菜，而且没有足够的烹饪时间的话，是完全做不出匙子牛肉的。

因为这个缘故，这道菜成了特殊场合才吃的菜。所有人都爱吃匙子牛肉，我们喜欢这种必须长时间等待的菜肴，像一个仪式。乔凡娜作为这道菜的厨师，无疑获得了她所热爱的名流们的赞誉，而她也把那些来做客的人照顾得无微不至。

1989 年 5 月初的那个周末就是个特殊时刻。妈妈那时六十岁了，刚刚成为联合国儿童基金会亲善大使，开始了她的"第三段生命"（第一段是演员，第二段是全职妈妈）。她出差回来后与我跟肖恩在"和平之邸"团聚，这是她首轮出差中的一次，那时她很疲惫，还有点儿身体不适。哥哥和他的妻子玛丽娜一起从

妈妈和"潘妮"在"和平之邸"前面的柳树下

上：妈妈和朋友们在“和平之邸”（1964 年）
下：复活节的餐桌装饰（“和平之邸”）

美国过来，我则从当时刚搬去的伦敦过来。妈妈的想法是在家里过个恢复体力的生日，跟家人过个简单的星期日。但她的三个朋友多丽丝·布林纳、卡普辛还有康妮·沃尔德不期而至，热心地来祝贺她里程碑式的时刻。

她们几个同时同地聚齐可不是常有的事，一方面是因为多丽丝就住在附近，而康妮却要从洛杉矶启程过来；另一方面，她们的个性截然不同，这也是妈妈更愿意分别与她们见面的原因。妈妈本来还梦想着过个不惊动任何人的生日呢，想着在床上吃早餐，穿着睡袍度过慵懒的早上，现在却不得不早早起来，做个地道的东道主了。

做匙子牛肉很费事，从清早就要开始准备，乔凡娜在厨房里留意着，她很紧张，因为她习惯了分担妈妈所有的喜怒哀乐。她的菜成了那天的重头戏，使饭桌上笼罩着一种紧张气氛。

匙子牛肉隆重登场进入饭厅，可以和马塞尔·普鲁斯特所说的相媲美：“香料调制的胡萝卜凉牛肉……我们厨房的‘米开朗琪罗’把它摆放到犹如一块块透明石英般的水晶肉冻上。”[16] 乔凡娜郑重其事地用一个白色大圆盘端着它，那是一份很惹眼的肉，上面浇着浓稠的深色酱汁。

可能是吃饭的那些人紧张，也可能是“牛肉”承担了太多期望。不管怎么说，反正乔凡娜是摔倒了。盖子滑落，牛肉猛地甩出，砸到了玛丽娜的低领衣服上。营造出来的和谐感被击碎了。我当时马上问：“还有什么吃的吗？”我忘了后来我们有没有设法重新处理那块牛肉，但我再一次热切地等候那味道已经是多年后我为写这本书而亲自下厨的时候了。

妈妈和她的朋友卡普辛在“和平之邸”

匙子牛肉

6 人量

匙子牛肉和其他炖牛肉的不同之处首先在于烹饪时间。肉必须在 160℃的烤箱中烤 5.5 小时才行。这是使牛肉不煮碎而又能烂熟的唯一办法，即便是精选的肉块也要这样，如此你才能像菜名所指的那样，配着匙子上这道菜。

另一个不同之处就是要挑选适宜的食材。你得找能经得起长时间炖煮的牛肉。法国人建议用“paleron”，即牛颈肉，不过牛小腿肉也可以。我建议你带一张显示牛各部位的分布图到肉贩那里去，这样你们就能一起看着图挑选最合适的牛肉，从而避免误解和不符。

少量特级初榨橄榄油

1 瓣大蒜，剁碎

3 杯（700 毫升）牛肉汤

2 大汤匙（30 克）番茄酱

2.5 千克牛肉（要牛颈肉或者小腿肉），切下一块，去除肥油

3 个洋葱，去皮后剁碎

1 杯（240 毫升）两年陈酿的玛萨拉葡萄酒（干型）

香料包（内含百里香、欧芹、鼠尾草、干月桂叶）

预热烤箱至 160℃。

在一口带盖的大铁锅或者大炖锅里倒入橄榄油，置于中火上。油热后放入牛肉，各面轻煎大约 5 分钟。加入剁碎的大蒜和洋葱，转为中小火，继续煎 5 分钟，注意各配料不能煎得太过，颜色呈褐色时关火。

在一个碗中调匀肉汤、玛萨拉酒、番茄酱，然后将其浇到牛肉上。放入香料包。盖上铁锅的盖子，将其放入烤箱中。前期要把牛肉厚重的一面朝上放置，这样可以从上往下慢慢烤制使其变软。

烤到一半时（大约 3 小时以后）要把“匙子牛肉”翻一遍。继续烤 2.5 小时后，将锅移出烤箱，捞出香料包，配上匙子上菜。

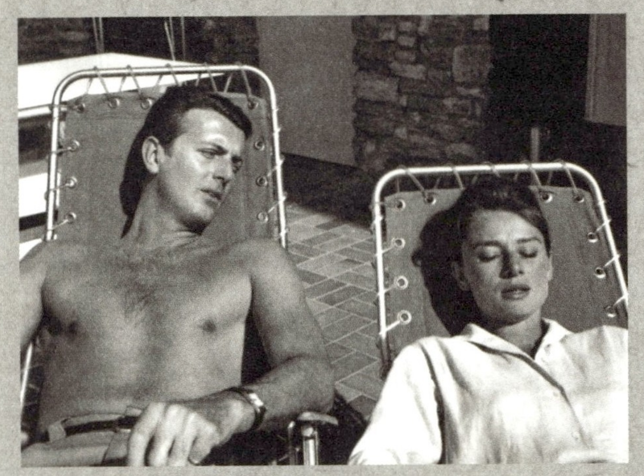

上左：妈妈和于贝尔·德·纪梵希在晒日光浴（1960年）
下左：在“和平之邸”过复活节
右：康妮·沃尔德和尤尔·布林纳在“和平之邸”

葡萄酒

悲观主义者会对你说，因为葡萄酒会蒸发，所以它对肉的味道基本不会有影响，但这种说法并不正确。一条简单的规则：葡萄酒越好，菜的风味就越棒。在“和平之邸”，我妈妈一般都用本地产葡萄酒来炖菜（瑞士有极好的红酒，包括名列榜首的“独角兽”牌黑皮诺葡萄酒）。如果你想要更甜、更清淡一些的口味，你可以用马德拉白葡萄酒代替这道食谱中所用的玛萨拉葡萄酒。

双色宽面：迷失东京

世界上没有任何地方像日本那样对我妈妈如此厚爱。几年前，在一次公众最喜爱的历史人物民意调查中，妈妈排在了第31位，位列圣雄甘地之前。即便是在今天，日本民众除了通过广告、音像、海报和数不清的纪念品来向她遥表敬慕之外，还大老远赶到托洛彻纳茨参观“和平之邸”，在妈妈墓前摆一点儿小石头，以表示他们内心的热爱。到了罗马，他们则认真地重走“安妮公主”走过的路，演绎一种“罗马假日”游。

我小的时候，是日本粉丝们让我知道了原来妈妈也是一位“名人”。尽管她当时已经息影了，礼物还是源源不断地从远东地区寄来，那些装满了折纸工艺品的罐头盒表达了他们长久不衰的敬意。他们也会发来附上照片的长信，于是我主动承担了私人秘书的职责，这样我就可以收集异域邮票了。

一名日本文化专家解释说，这种对妈妈的极度喜爱某种程度上可能是出于人们对她的认同感。一个日本女人不可能把自己设想成玛丽莲·梦露，而妈妈却拥有一种日本女人可以效仿的形象：苗条、优雅、独特，有着黑头发和一对杏眼。当被问及特别受日本民众喜爱的原因时，她说：“真的很怪，也许我看起来像个日本人吧。”我也不知道这解释合不合理，但我愿意把妈妈当成一名荣誉日本人，因为我小时候第一次去日本时就爱上了那里，那是一次难忘的旅游，立刻就成为我们家庭故事的一部分。

妈妈在日本京都的金阁寺（1983年）

妈妈在日本京都的金阁寺（1983年）

20世纪80年代初期，妈妈去日本参加一个高级女子时装秀，这是为庆祝纪梵希从业三十周年而举行的。她利用这次机会带家人一起去体验了一下当时所谓的奇异之旅。我还记得在飞机上乔凡娜一直没合眼，她一刻也不想错过那次把我们带到世界另一边的长途飞行。

当时确实出现了文化冲击，对妈妈来说更是如此。早期的电子游戏让我兴奋不已，而她则有很多失礼之处。我记得我们跟东京购物中心总经理有过一次哭笑不得的经历，当时一家纪梵希时装商店要在那个巨大的商场里开业，总经理很自豪地查看他的留言簿，就好像是拿着本宗教经典似的。他郑重严肃地跟我妈妈解释说，每个名人都在这个留言簿上拥有专属的一页，她的那一页也早就预留好了。当时由于时差的关系，妈妈疲惫得要命，根本记不得什么礼仪细节了。她心不在焉地翻着留言簿，看到了詹姆斯·史都华那一页。“看，我朋友吉米也在这儿。我要签在这里，这样我们就可以挨着了。”当她抓起笔时我看到那总经理的脸都白了，就差哀叹一声了。他留言簿上的完美形式被破坏了，我那时感到特别尴尬。

妈妈后来又和一位禅宗园林的园丁发生了激烈争执，那人地位至尊无上，属于“人间国宝”，但他不让小孩靠近他的艺术作品。当时我又患上了那年传染了所有日本少年的流行性感冒，而妈妈不想毁了乔凡娜千载难逢的旅行，便留下来照顾我，指派我的保姆作为代表去参加社交活动，这让我们的主办方讶异不已。那是我们过去常有的那种精彩旅行，那个时候的世界比现在大一

点点，名人们不会把自己禁锢在一成不变的红地毯上，而让自己错失那些让四处漫游变得有意义的混乱小事件。

妈妈很快就爱上了日本，这要感谢她那位无与伦比的联络官朋友加藤多喜，让她在那种璀璨的文化面前没有“迷失东京”。但在烹饪上妈妈倒是有一点儿抵触，她反对寿司或生鱼片。不过这一点也得到了弥补，有一次多喜去罗马做客，在我们家了解到原来意大利面也可以是生的，便把双色宽面的食谱带回了日本。

妈妈在日本京都的金阁寺（1983年）

双色宽面

4 人量

双色面就是把鸡蛋面（Paglia，即“稻草”的意思）和菠菜面（Fieno，即“干草”的意思）混合在一起。下面列出的是一份典型的艾米利亚食谱，特别适合意大利干面条，用一道孩子们特别喜欢的简单酱汁搭配。干的双色宽面有卖的，看上去是一小团鸟窝的样子。我妈妈会把瑞士埃曼塔奶酪掺进来以柔化帕玛森奶酪的味道，并且用熟火腿来代替意大利熏火腿。

50 克豌豆（不是绝对必要，特别是吃饭的人里有不喜欢豌豆的小孩时）

半个中等个头洋葱，去皮后剁成细末

100 克熟火腿，剁碎

500 克双色宽面（意大利干面条）

2 大汤匙（28 克）无盐黄油

200 毫升奶油

盐和胡椒粉少许

2/3 杯（80 克）帕玛森干酪，磨成粉状，1/3 杯（38 克）埃曼塔奶酪，磨成粉状，两者混合

锅中加水，加盐，煮沸，放入豌豆烹煮，然后将豌豆捞出放置一边，水不要倒，以备煮面用。

在一口大号煎锅内放入黄油，开中小火，放入洋葱炒一下，加入火腿。当火腿变为金黄色时（大概 8 分钟），放入豌豆。再加奶油，搅拌到一起。

刚才煮豌豆的水煮沸后放入干面条。当面条仍然很硬时捞出。保留半杯（120 毫升）面汤。在刚才煮酱汁的煎锅内加入面条和一半的奶酪，开中火，缓慢加入面汤逐渐稀释酱汁，轻轻搅拌到一起。用盐和胡椒粉调味，把余下的奶酪加入即可上桌。

其他做法

双色宽面理论上可以配任何拌料，但我建议可以试试配意式肉酱或者意大利上阿迪杰地区生产的熏火腿，切成细长条状来代替原先的火腿。

上左：妈妈在东京艺伎屋品尝日本清酒（1983 年）
上右：和我在东京艺伎屋吃饭（1983 年）
中左：在东京艺伎屋穿一件和服（1983 年）
中右：与加藤多喜在巴黎的“纪梵希工作室三十周年”摄影中（1983 年）
下右：与于贝尔·德·纪梵希在东京的“纪梵希工作室三十周年”回顾展上（1983 年 4 月 9 日）

烤小牛肉配蘑菇汁：她喜爱的集市

少年时的我挺想让妈妈买一辆捷豹的，但没机会。“狗怎么办？我买的东西又往哪儿放？”她不同意，我便没再说下去。

妈妈会亲自购物，她特别享受购物的乐趣，对宽敞的超市有着发自肺腑的热情，琳琅满目的商品让她着迷。战时，她这个年轻小姑娘需要有配给票才能买到一点儿黄油，而现在她可以随意推着小推车转悠。妈妈也很喜欢乡村小集市，莫尔日是她定期去的地方，她知道在这个“和平之邸”附近的小镇上有她喜欢的有机食材（那时候还是很罕见的），奶酪店里总会卖特别的沃州多姆奶酪（tomme vaudoise）。在我们每月一次的“瑞士宴”上，这种奶酪总会摆在我们家餐桌的中心。赶集日是最精彩的时刻，届时主街道上全是农民与饲养人的农用四轮车，上面装满了生鲜食品。妈妈在瑞士生活的时候，只要是碰上应季的新收割农作物就一定不会错过。

据罗齐塔回忆，购物清单是他们一起拟定的，但集市妈妈则想一个人去，有时候罗伯特或者她最好的朋友多丽丝也会陪着她。她在莫尔日会找到很多新鲜蔬菜（我们花园里的菜并不总是那么充足）。她很享受挑选适合烤的小牛肉的乐趣，同时也会带着伤痛的心避开那些马肉贩子（这种人在瑞士很常见）。

妈妈在瑞士“和平之邸”屋前（1985年）。这是我特别喜欢的照片之一

但她最喜欢的目的地却是离得较远的一处货摊，在那里，近

6月底就会有蘑菇上市，颜色从金黄色到褐色不等。在美国，人们熟知的是它们的法语名字——鸡油菌，但法国人又把它们称为死亡喇叭（trompettes de la mort），这词让当时还是小孩子的我很是不安。

在风调雨顺的年份里，从6月一直到10月，瑞士的森林会变成名副其实的蘑菇宝库，人们很难抵挡住诱惑不去采摘。我和我妻子经常在清晨闹钟的催促下去悬崖上搜寻牛肝菌属菌类和鸡油菌，我们也喜欢邀请我们的邻居海蒂和迪迪埃·马萨尔参加采蘑菇大赛（这一著名的业余爱好者的比赛往往能促进蘑菇食谱的改良，以使菜肴更加美味）。

虽然妈妈特别喜欢行走，但她从未穿着典型采菇人穿的及膝袜穿过森林。她更愿意到市场上去收集需要的鸡油菌，来制作烤小牛肉用的蘑菇汁。

妈妈在鲜花盛开的田野中（1992年5月）

烤小牛肉配蘑菇汁

4 人量

1 千克烤小牛臀肉，卷好的烤牛肩肉或去骨牛腰肉

1 小枝迷迭香

现磨黑胡椒少许

1 个胡萝卜，去皮后切成细丁

1 个洋葱，去皮后切成细丁

1 升牛奶（要能盖住肉）

4 片鼠尾草叶子

盐少许

2 大汤匙（28 克）无盐黄油

1 根芹菜梗，切成细丁

1 杯（240 毫升）干白葡萄酒

酱汁

1 杯（400 克）黄褐色鸡油菌

1 杯（240 毫升）多脂奶油

1 瓣大蒜，捣碎

1 束欧芹，切成碎末

让肉贩帮你把肉捆起来。在绑肉的麻绳下放鼠尾草叶和迷迭香。在烤肉的各部位都擦上盐和胡椒粉。

取一口大号煎锅，用黄油将烤肉各面都轻煎一下。开小火，在一口大号炖锅内炖胡萝卜、芹菜以及一半的洋葱丁，直到其软化但不要让它变成褐色。加入肉和半杯（120 克）葡萄酒，炖到酒液蒸发；在一口深平底锅内以中小火加热牛奶，然后将其浇到烤肉上。盖上炖锅盖子，以小火炖大约 30 分钟。

做酱汁：在大号煎锅内将蘑菇与大蒜还有余下的洋葱以及半杯（120 毫升）葡萄酒放在一起烧。待蘑菇中的水分熬出且汤汁由稀变浓后倒入奶油，搅拌到一起。将烤肉从锅中捞出，汁水留在锅底；蘑菇汁和炖肉汁水搅拌。烤肉切成薄片，摆放到一只盘子里。浇上蘑菇肉汁，撒上欧芹末。

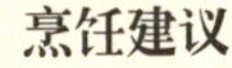

烹饪建议

我们在瑞士的邻居海蒂和迪迪埃会做美味至极的开胃小菜，用的食材是小片烤面包、刚好烤焦的新鲜鹅肝，以及用平底锅煎出来的鸡油菌或者牛肝菌。

closing day at Corviglia

上：我父母和多丽丝、冈维格利亚（瑞士圣莫里茨）
下左：我父母与多丽丝以及她的女儿维多利亚·布林纳（“和平之邸”）
下右：妈妈和我们钟爱的半纯种杰克拉塞尔梗犬“杰西”（“和平之邸”）
右页：瑞士莫尔日的市场街

MANOR

不用化妆，与狗儿和花儿相伴于家中开怀大笑，抛开电影明星和全世界各地千百万人偶像的身份去看电影，这样的她是最幸福的。

——多丽丝·布林纳

妈妈在尚鲁斯（格勒诺布尔附近）举办冬奥会时（1968年）

5

生活的基本:

幸福的定义

番茄意面：家的味道

这道菜我会等到她出差回来时才做，配上一点儿香草冰激凌或者蜜饯。食材用花园里种的番茄，乔瓦尼经常把它们整个地冷冻起来，如此我们便可以在冬季也吃得到。剥番茄皮时还能闻到一股夏天的味道。我会在前一天晚上把它们放进一个滤锅中，搁到厨房的窗台上，然后用芹菜、洋葱、油、少许糖和罗勒叶做个简单的酱汁。

——罗齐塔·奥鲁内苏

有一样东西让妈妈特别上瘾，就是意面。她没有意面不行，除了在家里吃，到了饭店也要点，当服务员把制作考究又张扬霸气的菜单递给她时，她带着一丝不好意思地说："如果不是很麻烦的话，一份简单的番茄酱拌面配一点儿橄榄油就可以了。"

这是她长期培养起来的一种幸福感。妈妈的朋友安娜·卡塔尔迪回忆起最初和她吃饭时，妈妈给安娜上了一份"清汤"，淡得几乎无味。不过后来这道清汤的上桌次数越来越少，我在烹饪书上发现，几乎所有属于年轻的奥黛丽·赫本的菜妈妈渐渐都不做了。当妈妈的"罗马假日"变成日常的罗马生活时，她开始把自己从那些复杂的菜谱中解放出来，喜欢上了更简单却更美味的菜。不仅仅在烹饪上如此，其他方面也一样。

"和平之邸"举办的一个夏季露天派对（20世纪70年代初）

奥黛丽·赫本离开了电影艺术的世界，成了一位母亲。她从上流社会圈子中脱身出来，仅邀请几个纯粹的朋友来家里做客。番茄酱拌面也是一种表达方式：“嘿，这里是我的家，我就是这样的，别指望其他。”她吃意面时食量大得很。小时候我从没有以胖瘦考量过妈妈，但我记得亲戚朋友们都惊讶于她是如何做到从不发胖的。妈妈从不用吃相优雅和极简主义来限制自己；她会随意地吃完满满一盘意面后再来一盘。她经常就是这样结束一餐的，就像在许多意大利家庭里，意面只是名义上的第一道菜一样。

妈妈和我

还有，和所有意大利人一样（即使那些满世界飞的成功者也如此），在国外度过一小段时间之后，妈妈会感觉到吃意面是一种生理需求。因此当她出差归来时，总有一盘番茄酱拌面在恭候她。

我想起我们最后几次旅行中的一次。我们抵达牙买加后，罗伯特把她的手提箱提到她的房间。大的那一个箱子里面装的是她的衣物和海滩用具，并不沉，而另一个小的却很沉。“你在里面放什么了？砖头？”他问。“意面。”妈妈说，脸上洋溢着欣慰。她同样念念不忘的还有橄榄油和帕玛森干酪。

pasta
olive neri
pros.
gruyera
basilico.

bolito
pomodoro
cedano
basilico

campanello

上左：妈妈和她哥哥伊恩在罗马吃意大利宽面
上右：艾妲·伯尼的《意大利的护身符食谱》，每个年轻的意大利新娘从婆婆那里收到的第一份礼物就是这本书
中左：和康妮在她家的厨房（比弗利山庄，1979 年）
中右：妈妈的食品杂货笔记
下左：和罗伯特在格施塔德（1989 年）
下右：在“和平之邸”的一次聚会上给孩子们分发食物（20 世纪 70 年代初）

番茄酱拌面

4 人量

1.5 千克蔓藤上成熟的番茄，去芯后切成粗丁

1 个洋葱，去皮后整个备用

1 根芹菜梗，洗净后整根备用

1 个胡萝卜，洗净后整根备用

6 片罗勒叶，剁碎，外加几片整叶用于装饰

特级初榨橄榄油少许

1 撮糖

盐少许

现磨黑胡椒少许

500 克意大利面

帕玛森干酪少许

取一口带盖大锅，开大火，把番茄、洋葱、芹菜和胡萝卜放进去煮大约 10 分钟，让蔬菜软化。

揭开锅盖，继续煮 10 到 15 分钟，其间用木勺搅拌。

转为中小火，加入罗勒叶并滴上橄榄油。当锅里的水泡变成小小的酱汁泡时，用那不勒斯话说就是变成“pipiotta”时，番茄酱就做好了。关火，除去最大的蔬菜块，让酱冷却。

烹煮完毕之后，用手动操作的食物研磨机把番茄酱和蔬菜块搅成适当稠度的菜泥，研磨时也可以去除苦皮和番茄籽。

淋上少量橄榄油，加 1 撮糖调和苦味。加盐和胡椒粉调味。

锅内加冷水，开中火，当水开时放入一把盐和意面，把面煮到熟而有嚼劲的程度。

做好后，关火（也许比意面包装所建议的烹煮时间要少 1 分钟）。用漏勺捞起面放入到酱汁中，撒少许帕玛森干酪。搅拌均匀后用几片罗勒叶做装饰。

其他做法

妈妈的番茄熏肉汁

妈妈也很喜欢番茄熏肉汁面。这个酱的标准做法是把猪脸颊肉切成细长条，在小号锅里翻炒直至其变脆。如果猪脸颊肉不好买，就用意大利咸肉或者培根代替。炒好后将肉加到菜泥中，以小火炖煮几分钟。妈妈的做法要清淡些；她用意大利风干火腿代替猪脸颊肉，而且火腿一炒完之后，她就用厨房纸巾把肥油吸掉。

烹饪建议

挑选番茄：第一件事就是找番茄。这里没有固定的规则，能做出最好酱汁的番茄就是合适的番茄（至于凉拌番茄那是另外一回事）。在意大利我们通常会选圣马尔扎诺番茄，不过在适宜的季节里，你也许在街角的商店里就能找到合适的番茄。比如在瑞士，我就发现产自伯尔尼的番茄出人意料地好。

但是，如果可能的话，还是要自己种。种植番茄并不很费力，可以种在盆里或大的罐头盒里，放在露台或者阳光充足的窗台上，一点儿也不麻烦。

奶酪通心粉：窈窕淑女奥黛丽

你在电影里看到的就是她在现实生活中的模样。奥黛丽的确就是你期望的样子。

——拉尔夫·劳伦

意大利人认为奶酪通心粉是扭曲了自己烹饪传统的一道菜肴，美国人却视之为民族的骄傲。与此类似的还有意式实心面条、肉丸以及芝加哥比萨配意大利辣香肠等。不过我那跨国界的妈妈却丝毫不在意这些最权威食谱中的规则。

关于奶酪通心粉，美国人的看法也不完全错，据说托马斯·杰斐逊是从美国驻巴黎大使馆把这种吃食带到他的蒙蒂塞洛庄园的，然后又在华盛顿国宴中上了这道菜。

之后，这道食谱很快就出现在杰斐逊的亲戚玛丽·伦道夫写的著名烹饪书《弗吉尼亚家庭主妇》（1824年）中，继而又被收入传统南方菜肴目录中。自此以后，它的家庭做法和整套变化就开始在美国风靡起来。

随着时间的推移，奶酪通心粉从一道专供美食家享用的食品变成了经典的“温馨妈妈菜”，既能填饱肚子又能温暖人心，无论对大人还是小孩子来说都是如此，小孩子尤其喜爱。

妈妈和我（罗马，1973年）

这就是它会出现在我们罗马的家中的原因，然而对我们来说，它是经典的焗烤意面，是乔凡娜的拿手好菜之一，也是她会在我的生日聚会上准备的食物。如果有人说我钟爱的童年菜肴可能和美国有什么关系，我会不高兴的，而且我发誓，大洋彼岸的这道菜仅仅是可以下咽而已，虽然我从没在那边吃过这个菜，但我确信自己说得没错。

直到有一天，我和儿子来到洛杉矶的一家自助餐馆内，面对着一个饿坏了的 3 岁小孩，我只好要了两份奶酪通心粉，因为这玩意儿与他叫嚷着要吃的意面最为相似。我是做了最坏的打算才点的，但不得不承认，这个奶酪通心粉不仅与“我们的”焗烤意面相似，甚至还更好吃，因为其中加入了特别美味的切达干酪。

上: 我的三岁生日(罗马，1973 年)
下: 我的两岁生日(罗马，1972 年)

罗马小孩并不了解这些复杂的大西洋两岸关系，只管痴迷焗烤意面就行了。我们在家里举办过很多次大人或小孩的聚会，每年 2 月庆祝我生日时，奶酪通心粉通常都是最佳美食，即便我们这些孩子已经狼吞虎咽地吃了很多盘小比萨和小圆片意大利风干火腿三明治，再吃奶酪通心粉也依旧觉得美味无比。

不过，聚会的最精彩部分还不是烹饪。当电影放映员手拿胶片、胳膊下夹着卷起来的幕布出现时，美好时刻才算到来。我们怀着对电影的期盼围在他身边。我最喜欢的电影是《飞天万能车》

妈妈和我叔叔吉安皮埃罗·多蒂在我的三岁生日聚会上（罗马，1973年）

（1968年），不过《欢乐满人间》（1964年）和《窈窕淑女》（1964年）也不错。但是我们中的所有人，包括我，没有一个能将银幕上说着伦敦腔的伊莉莎·杜利特尔和眼前这位分发焗烤意面的女士联系起来。

我学校里的朋友们第一次来我家时看上去都有点儿害怕（谁知道他们在家里都听说了些什么），但没过多久他们就会发现我妈妈与他们想象的完全不同。她和普通的母亲一样，会在学校门口等她的儿子，和老师说话，还邀请他儿子的朋友和他们的父母到家里来做客。

我们的聚会完全不关好莱坞什么事，但会有"家庭影院"（那时候没有录像带、影碟或者有线电视）和妙不可言的奶酪通心粉。

奶酪通心粉

4 人量

1 升牛奶

100 克无盐黄油，外加一些用于润滑

1 杯（100 克）中筋面粉

1 撮豆蔻粉

1 撮盐

4 杯（400 克）切达干酪，磨成粉

680 克通心粉，可以是直的，也可以是弯管形，或者螺旋管形

预热烤箱至 180℃。用黄油涂抹一个 10 英寸的烘盘。

在一个中号深平底锅内以小火加热牛奶。在一口小号深平底锅内以小火熔化黄油，然后慢慢把面粉筛进去，做成白汁。熬煮过程中不断搅拌，直到酱汁发棕色；法国人根据酱的颜色（红棕色）称之为油面糊。慢慢倒入热牛奶，同时搅打大约 10 分钟，一直到面糊开始沸腾。关火，加入豆蔻粉、盐和 3/4 的干酪，搅拌均匀。

开水中放少许盐，煮通心粉，时间要短，煮完后捞出。煮面要咬起来感觉非常硬，要比建议的煮面时间少 3 到 4 分钟。在一个大碗里将面和白汁拌在一起，倒入准备好的烘盘内。撒上剩下的 1/4 干酪，烘烤大约 30 分钟，直到表层呈现出淡棕色。

其他做法

焗烤意面

奶酪通心粉的做法可以千变万化，以适应不同人的口味，有奶酪型（你可以用泰德莫妮奶酪、格鲁耶尔干酪或切达干酪）和加熟火腿、意大利咸肉和碎牛肉的类型，更不必说还有大量撒上面包屑的做法，适合那些喜欢美味面包皮的人。

我建议把意式焗烤意面视为其中一种变化，我还是相信焗烤意面是所有美式奶酪通心粉的原型。

和它的派生品种一样，无论配不配白汁，焗烤意面都可以有千万种变化，可以用意大利奶酪来代替切达干酪，比如，磨碎的帕玛森干酪、马苏里拉奶酪、斯卡莫扎奶酪、乳清奶酪，或者这几样混合起来也行，只要你喜欢。乔凡娜过去常常做传统的“淡色”型，即用烹饪奶油来代替上文中的白汁，用帕玛森干酪和埃曼塔奶酪混合起来代替切达干酪，再加一把火腿丁和一把马苏里拉奶酪丁。像上文中写的那样与发硬的意面拌起来后，撒上面包屑，在烤箱里以 200℃烘烤 20 分钟，烤成淡棕色。

左：化了妆的我在康妮的家里（1975 年）
右：妈妈和我在康妮的家里（1979 年）

酥炸肉排：回家

我们会做很多酥炸肉排，但它们总是很快就被吃完了。如果卢卡在身边，而我又提前做好的话（因为凉吃才好吃），我会把它们藏起来。有一次我发现将近一半都被吃掉了，差不多就剩下些吸水纸了。

——罗齐塔·奥鲁内苏

小时候，纽约对我来说就是两栋建筑："金刚"摩天大楼（帝国大厦）和有酥炸肉排的那栋大楼（皮埃尔酒店）。那时候我们总是又累又饿地到达皮埃尔酒店，然后妈妈就会叫人把吃的东西送到房间来。

我必须得承认，即使是现在，送到房间里的菜肴上盖的钟形盖子都会把我逗笑。对五岁的我来说那是纯粹的魔术，盖子一揭开，面前就是一块硕大的肉排，比平日我们在家里吃的要大五六倍（至少我记忆中是这样）。

大城市，大肉排？没错。不过也可以说：我们在家里时会有很多小肉排，而在外时就是单个的特大肉排，不管在纽约还是在格施塔德的欧登酒店都是这样，这一经验至今仍然成立。

妈妈和她的杰克拉塞尔梗犬（"和平之邸"）

不管大小，肉排之于我，就像番茄意面之于我妈妈，是外出归家后一定要吃的东西。虽然我最喜欢在夏季吃肉排，但事实上我们在各个地方各个季节都吃过。而且，留下没人管的凉肉排会招来人偷吃的，正符合瑞士古老的“双份服务”传统(再来一份)。在格施塔德的罗斯黎酒店餐厅里，客人吃完第一道菜后，侍者会问他们是否还想再要一份他们刚点过的菜。不过自从这一传统惹威德默兄弟不高兴之后,理论上一个人就只有一次选择机会了(威德默兄弟家族拥有古老的罗斯黎酒店将近一百年)。除了酥炸肉排外，维也纳炸肉排（以炸土豆和凤尾鱼卷做配菜）也曾一直享有这一现已消失的瑞士礼仪服务。我上一次在罗斯黎酒店时，问一位女招待是否还记得这个传统惯例，她几乎是情绪激动地和我说她是最后一个上过“再来一份”菜的人。她诉说这件事就好像是在诉说一个时代的终结。保有这一烹饪习俗的最后阶段似乎是1993年，妈妈也是在那一年去世的。

在“和平之邸”，乔凡娜和罗齐塔永远都会准备好充足的肉排，把盘子装得满满的，以确保绝对会有剩余。剩下的肉排会保存在“冷房”里——这是瑞士一种独特的老房子，建在居所的北面，用瓷砖盖出屋顶，做冷藏食品之用。

饭后几小时，“冷房”就变成了一处争斗的场所，我和哥哥

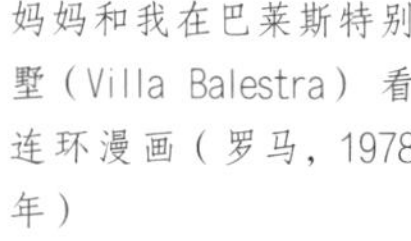
妈妈和我在巴莱斯特别墅（Villa Balestra）看连环漫画（罗马，1978年）

妈妈和我在“和平之邸”，1972 年 9 月

会在那里争夺最后的肉排。这出戏要持续到晚上甚至凌晨才会彻底演完，到那时会留下其中一人，手里抓着仅剩的油纸。

冲突特别严重的一年过后，我被送入寄宿学校，那时候我常常做一些与袭击有关的梦。人们一直说我是一个守规矩的乖孩子，但这却成了一个问题。一个被过度美化的傻瓜，我是不是正在承担变成这种人的风险？青春期没有解决之道，突然间我就开始变得叛逆。我和妈妈的分歧在增多，而且我和她见面也少了，因为她经常到瑞士和罗伯特待在一起，想跟她吵架都不容易。童年记忆中我只记得有一次，她在后面追我，威胁要给我一巴掌，我躲到了卫生间。

妈妈没有提高嗓门喊，而是用了比这糟糕得多的方式：把她的伤心表现出来。她知道如此我才会真正难过。我敢肯定她是在假装，但不得不承认她侥幸得逞了。后来有一次（我那时肯定已经十四五岁了），我终于厌倦了那种内疚感，于是便一股脑儿地发泄了出来，我高喊道：“够了！我受够你总是对我不满意的样子了！还不如打我一顿呢！”

不过这没有起到什么作用。几年后，当我犹豫不决是升到下一年级还是留级时，我父母决定送我到瑞士上学。总的来说，我对这计划也不是不满意，因为我会和我的朋友乔瓦尼一起去那里。但是另一方面，这可能会让妈妈最终搬到“和平之邸”。

我是真心怀念家里做的饭菜。寄宿学校的食堂恶劣得难以形容，我又被乔凡娜给宠坏了——在罗马时她常常将做好的肉排偷偷塞到我的饭盒里，好让我带到学校。我晚上睡不着就想着它们，因此，假期一回家，我就会由于贪吃肉排而导致消化不良。

BREADED VEAL CHOPS

Cut evenly some fine, medium sized, tender veal chops so that all the ribs are of equal length, beat them a little with the back of a knife, salt lightly on both sides, dip them first into some flour, then in beaten egg, and turn them about in fine sifted cracker dust, slightly salting both the egg and cracker dust, which should cover them fully. Shortly before serving, fry the chops to a gold color in very hot fat but after a few minutes reduce the heat somewhat, so that they do not remain raw inside by browning too quickly. Serve the chops with fine vegetables or with a Tomato or Mushroom Sauce. Frequently cole slaw or cucumber salad is passed with them.

妈妈的酥炸小牛排食谱

PETIT CADEAU
POUR MON
AMOUR

XXX

皮埃尔酒店信纸上的记录

酥炸肉排

4 人量

维也纳人与米兰人之间长期以来激烈争执的一个话题，就是关于维也纳炸肉排或米兰炸肉排的起源。但是，在烹饪方面，民族主义者的说法一向都无足轻重，而且这两种食谱根本就不是一回事。我这里写了罗齐塔过去常在家做的肉排，还有“其他做法”，也就是这两种食谱了。

680 克小牛后臀肉，切成薄片

1 个鸡蛋黄，打成糊状

3.5 杯（300 克）面包屑

特级初榨橄榄油或者纯净黄油（见前文中的“如何制作纯净黄油”）

我用的是小牛后臀肉，用很多，因为肉排总是会被吃光。我会吩咐肉贩把肉切成薄片，并且我回到家后也会用肉锤将它们锤扁。我把一个鸡蛋打到一个盘子里，把每块肉排都裹起来，再将它们翻一下身，如此就可使其两面都裹上蛋液。然后再把面包屑裹在每块肉排上，放橄榄油里炸。冷却后将肉排放到吸水纸上。

——罗齐塔

米兰炸肉排（“和平之邸”）

其他做法

维也纳炸肉排

这种更大更厚的肉排（我在皮埃尔酒店吃过一次，在格施塔德的欧登酒店也吃过）被冠以“大象耳朵”之名，因为如果在烹饪前没有沿着肉排边缘切开小口的话，它就会卷曲起来，像那种厚皮动物的巨大耳朵一样。

做维也纳炸肉排，小牛肉片必须要薄，如果有必要的话，还要用肉锤把它们锤成仅 0.6 厘米左右的厚度。肉片要先撒上面粉，再蘸入打成糊状的蛋液里，最后用面包屑裹起来，放到纯净黄油里以中火两边各炸 3 到 4 分钟。

米兰炸肉排

把带骨头的小牛腰肉切成肉排，至少要 3 厘米厚。不需要锤打肉。将其直接蘸入搅成糊状的蛋液里，然后再滚上面包屑。将肉排放入一个平底锅内，以中火用纯净黄油煎炸，中间翻一次，直到两面都成为均匀的金黄色。用一小块锡纸将肉骨头包起来上菜。

过节时“和平之邸”院子里摆放的餐桌。

烹饪建议

肉排可以作为手抓食品凉着上，切成小块当作夏季开胃小吃，也可以配着塔巴斯科辣酱一起吃。罗齐塔做法中的小牛肉可以用薄猪肉片代替，我在家里就是这么做的。

HOTEL SAINT CHRISTOPHE
DUBONNET
Hotel

香草冰激凌：他们叫她“方脑壳”

就我们两人时，我们会简简单单地吃个番茄酱拌面，再来个加浓巧克力酱的香草冰激凌。

——多丽丝·布林纳

给寻找独家内幕的小报们透露点儿八卦消息吧，我妈妈有时候并不像崇拜她的人们所描述的那样毫无瑕疵，甚至在饮食上都没有一点儿坏习惯。除了有记录可查的意面瘾和巧克力瘾之外，她对冰激凌也过度痴迷，而且那种贪婪堪比一个淘气的小流氓。

她最喜爱香草味的冰激凌，陪她对一起走在这条“毁灭之路”上的还有她的挚友们。在“女孩之夜”上，如果冰激凌可以进一步加工调味的话，她们更是高兴得不得了。

妈妈还有几个坏习惯。她爱喝葡萄酒，但丝毫没有想成为“行家”的欲望，她的朋友罗伯特·瓦格纳坚称：“她总是喝一些上好的苏格兰威士忌。”罗伯特·沃尔德斯回忆说：“当她在罗马而我在瑞士时，我们每晚都互通电话。我们煲电话粥的时候她会抽烟并喝一丁点儿威士忌，而且喜欢一次喝一小玻璃杯。她过去常常说：‘世界上某个地方肯定已经到六点了。’”①

尚鲁斯（格勒诺布尔附近）举办冬奥会期间，妈妈和法国队在一起（1968年）

① 很多地方不允许在六点下班之前喝酒，所以当有人想在六点之前喝酒时，就给自己找这样的借口，因为不管自己这里是几点，由于时差的原因世界上总会有个地方是六点钟。

我妈妈经常烟不离手是真的，但她并没有像电影里霍利·戈莱特利挥舞着的那种烟嘴。解放的时候她就开始抽烟，那时她还是个少女呢。她解释说："对我来说，自由就是英国汽油和英国香烟的气味。那时我跑出去欢迎士兵们时，我会贪婪地吸着他们身上的汽油味，就好像那是稀世的芬芳一般，我还要了根香烟，虽然抽烟让我咳嗽。"[17]

她再也不会没有英国香烟抽了，而且后来抽烟还成了一种职业病。在今天，如果一名年轻女演员抽烟的话人们会劝阻她，但在当时，手拿一根香烟是每一个银幕宠儿的标配。妈妈也从未因自己对尼古丁上瘾而责怪别人。

她有着自己的小小缺点并坦然与之共存，但并不去碰那些让人们联想到"罪恶"好莱坞的过分行为和不明智嗜好。对她来说，毒品依旧是一个如同未知之境一般令人不安的东西。因此，当我进入青春期时，她由于滑稽的误解而产生了几乎所有母亲都有的焦虑。

妈妈在冬季奥运会期间（1968年）

有一天，几个小流氓用刀子威胁了我和我的朋友乔瓦尼。我们没有进行太多抵抗，我被迫脱下了我的夹克，乔瓦尼则送出了他那抢眼的崭新小型红摩托车。乔瓦尼的妈妈认为我们是把所有东西都卖了去买“大麻烟卷”之类的东西，或是那些奇怪的增强型香烟。她把她的担忧告诉了我妈妈，我妈妈又反过来问家里的人，但没有听到她想要听的。

妈妈与多丽丝在奥运会上（1968 年）

于是她对我爸爸说：“你必须对他严加处罚。”

“严加处罚？太严重了吧。”爸爸说。

肖恩还故意逗她，假装调查这件事：“他脸色发青没血色吗？待在他房间的墙角吗？”“没有啊。”“那就一切正常喽。”

我们两个男孩自始至终没理会这场小闹剧，直到我们全家在“和平之邸”吃午饭那天，我妈妈把我拉到一边，眼睛瞪得大大的，声音几乎发颤地说：“卢卡，我们必须得谈谈。”“谈什么？”“谈毒品，你……你在抽大麻！”

我好说歹说才让她相信这不是真的。两个母亲一从恐慌中恢复过来，就立刻吃香草冰激凌来发泄，对此我一点儿都不感到意外。

罗齐塔也特别喜欢我妈妈的朋友们对原装冰激凌自行加工后的作品。康妮常常加一点儿烘椰肉，也常常在冰激凌里掺入苹果酱。而多丽丝则喜欢将冰激凌与焦糖融合到一起，或者是外包一层浓巧克力。在大西洋两岸无数次的交换食谱之后，这是妈妈从她的美国朋友那里收到的最后一个食谱。

妈妈与多丽丝在冬季奥运会上（1968 年）

康妮的苹果酱

4 杯（500 毫升）

8 个澳大利亚青苹果（Granny Smith），去皮，去核，切成丁

1 杯（200 克）白糖

2 杯（400 克）红糖

1 小匙（6 克）肉桂粉

1 小匙（5 毫升）柠檬汁

自制或者店里买来的香草冰激凌，上菜时用

在一口中号锅内放入半杯（120 毫升）水和白糖炖煮苹果。混合起来的食材需要煮到发出嗞嗞响声，因此必要的话可以去掉一些水；加入红糖、肉桂粉、柠檬汁，搅拌使苹果表面沾满酱汁。转为小火，盖上锅盖，苹果要一直煮到非常软却又没有散开的状态（长达 3.5 小时）。煮完后倒入一个碗里，放凉，再盖上塑料包装纸冷藏。

康妮也用这种苹果酱配感恩节火鸡。

多丽丝的巧克力酱

2 杯（240 毫升）

2 大汤匙（30 毫升）淡玉米糖浆

1.5 杯（125 克）糖

200 毫升奶油

4 大汤匙（60 克）无盐黄油

1 撮盐

250 克黑巧克力，磨碎

1 小匙（5 毫升）香草精

自制或者店里买来的香草冰激凌，上菜时用

在一口小号锅内加入玉米糖浆、2 大汤匙（30 毫升）水、糖，以小火加热，直至糖熔化。转至大火，烧开水，煮两三分钟，焦糖会呈现出经典的暗琥珀色。

关火，慢慢滴入奶油，再加入黄油和盐，搅拌至完全融为一体。将磨碎的黑巧克力放入一个耐热的碗里，把混合起来的焦糖奶油汤浇到巧克力上。加香草精并拌匀。

吃剩下的巧克力酱可以置于密封容器中冷藏两个星期，但下次吃之前要在双层蒸锅里重新加热。

上：妈妈和多丽丝在一条小船上（意大利撒丁岛，1976 年）
下左：多丽丝在“卡利斯托号”游艇上，我父母就是在这艘游艇上相识的（土耳其，1968 年）
下右：妈妈在多丽丝的《范妮·法默烹饪书》上的题词

番茄酱笔管面：我们的垃圾食品

纯粹主义者可能想跳过这一章。如果他们看到这里，我建议他们及时把偏见和怀疑撇到一边，这样才能更轻松愉快地挑战某些僵化规则（不止在烹饪方面）。

崇尚绿色耕种的妈妈用锄头锄过她自己的花园，喜爱用新鲜番茄制成的酱汁拌面，同时也酷爱调味番茄酱笔管面，不过这种爱并不是完全公开的。罗马人称这种酱为“un' americanata”（译为“一种美国特色”，带点儿轻微否定的意味），但我认为这酱体现了我妈妈身上的英国人特征。我猜，如同一个远亲让你回想起家乡那样，调味番茄酱笔管面能让妈妈联想到浸泡在酱汁里的“烘豆”，这种“烘豆”一百多年来在每份地道的“英式早餐”中都会出现。

要是一边吃调味番茄酱笔管面一边坐在扶手椅里看电视的话，妈妈会吃得更津津有味。虽然她也喜欢在那小小的屏幕上看优秀的经典影片，但对我来说悲催的是她彻底迷上了流行舞曲。

由于我和她的兴趣大多数情况下不一致，所以一场持久战就开始了。比方说，妈妈喜欢胡里奥·伊格莱西亚斯，而我当然更喜欢平克·弗洛伊德。妈妈喜欢杂耍，我却喜爱智力竞赛节目，她不相信智力竞赛，觉得这种节目起不到教育作用。“认为不工作就可以赚到钱，这对他可不好。”她老是对爸爸这样说。爸爸常常对她这些小忧虑一笑置之，而我则会通过批评她的趣味来回应她，带着一个少年自以为无所不知的心态和卖弄学问的严肃表

妈妈在我们租住的海滨别墅，意大利托斯卡纳区保格利小镇（1972年）

上左：妈妈和我（夏威夷大岛，1981 年）
上右：我在多丽丝的花园里栽种（瑞士吕利，1975 年）
下左：我和我喜爱的木偶马里诺在康妮的家（比弗利山庄，20 世纪 70 年代中期）
下右：妈妈、我和“普契尼”（“和平之邸”，1975 年）

情，愤愤不平地对她说：“妈妈，是你看不了这些东西。”

但这位胸怀大志的前芭蕾舞女演员对舞蹈懂的比我多，她了解那群服装闪闪发光的人背后的作品。她告诉我，这些舞蹈女演员“都经过了非凡卓越的训练”。在提到她特别喜欢的意大利艺人拉法挨拉·卡拉时，她说，卡拉会在美国成为一名大明星的。

我们对某些电视节目的看法倒还挺一致，尤其是罗伯特·瓦格纳和斯蒂芬妮·鲍尔斯主演的电视剧《哈特夫妇新冒险》。不管是在罗马还是在瑞士，妈妈都会一集不落地看，而我也很高兴在屏幕上发现了一个我们家的朋友。罗伯特·瓦格纳和我们在格施塔德是邻居，平时经常见面。妈妈不仅把他当成朋友，还很佩服他的演技，因此当她得到与他合演的机会时，她毫不犹豫地就答应了。《窃贼之爱》（1987 年）是她的第二部也是最后一部电视电影，与她的第一部相隔近三十年。

比弗利山庄汉堡山（Burger Hills）餐厅菜单

她不只是拍电视剧，还更喜欢看电视，尤其是在星期日远足之后的晚上。她会眉飞色舞地用蓄谋已久的声调说：“知道今晚怎么计划吗？我们一边吃茄汁笔管面一边看电视。”有时候她好像比我还孩子气，内心的情感完全溢于言表。

她是在战火中长大的，孩提时代几乎没有被娇惯迁就过，也很少有机会开玩笑。战争过后，妈妈重新开始严格地学习芭蕾舞，之后又要适应演员这个新职业。现在她终于能够让一切都顺其自然了，在她看来，好的生活就是端着一盘茄汁笔管面看电视。

番茄酱笔管面

2 人量

250 克笔管面或小笔管面（pennette）

1 大汤匙（14 克）无盐黄油

2 大汤匙（30 毫升）特级初榨橄榄油

少许调味番茄酱，也可以按口味多加一些

埃曼塔奶酪，磨成粉，上菜时撒用

盐少许

锅中加足量的水，放少许盐，烧开，煮笔管面，煮到面熟而有嚼劲的时候捞出。还是在这口锅中，开中火，将黄油和橄榄油与笔管面搅拌一两分钟。关火，盖上锅盖，再等几分钟。这一步叫作“奶滑化”，可以让你的面像丝绸般润滑。将面倒入一个碗里，与少许调味番茄酱搅拌，番茄酱的量刚好够让面染上桃红色即可。最后在面的顶部再少量点缀一些调味番茄酱，撒上磨成粉的埃曼塔奶酪即可上菜。

烹饪建议

找一份能与番茄酱笔管面相配的食物还真有点儿难，最合适的也许就是酥炸肉排了（见前文）。但说到酱油笔管面，你可以放飞你的想象力，酱油与白肉配起来味道相当好。

我知道我们会再次让那些坚守意大利烹饪传统的人大吃一惊，这种将意面与一道主食配在一起吃的想法会把那些人吓坏的。但我相信，你只要避开众人的眼睛试一下这种做法（别忘了电视上秀一下），你就肯定会理解我。

妈妈和我在托斯卡纳区保格利海滩（1972 年）

其他做法

酱油笔管面

有一道食物无论从“烹饪原理”还是从做法上都与调味番茄酱笔管面很相似，那就是酱油笔管面或者酱油小笔管面，这个面我哥哥肖恩怎么都吃不够。做的时候要像在主食食谱中那样将意面包裹上黄油和橄榄油，然后加少许低钠酱油，再撒上磨成粉的帕玛森干酪，即可上菜。

蒜香辣椒意面：安慰面

在意大利菜肴中，意面配大蒜、油和辣椒是最简单、最常见，也最经济的做法。但作为北方人，妈妈在养成地中海饮食口味的过程中，这道意面成为最大的挑战。尽管她爱吃这道意面，内心还是有点儿抗拒，大概因为它代表着些微的文化冲突。这道面有着浓郁辛辣的味道，很多意大利人甚至声称它有壮阳的功效。

我还记得每次我们家厨师做这面时妈妈都会说："乔凡娜，好难闻的味道啊……""夫人，我在炒大蒜呢……""哦，乔凡娜，不过这味道也太难闻了……"

是的，炒大蒜的味道确实不好闻，但妈妈最终还是接受了。稍微"改良"一下之后（后面我会介绍方法），她还把这面的做法介绍给了她的伴侣罗伯特，但与她的保留态度截然不同，罗伯特酷爱这种面。对他来说，味道越冲越辛辣越好。

因此，当妈妈因为工作必须出远门时，乔凡娜或罗奇塔就总会给罗伯特做配着大蒜、油和辣椒的意面，而他会漠然地把屋子弄得一塌糊涂以排遣寂寞孤独。于是，这道面食又被罗奇塔称为"安慰面"。

妈妈和罗伯特（1990 年）

蒜香辣椒意面

4 人量

粗海盐少许

500 克意大利式细面条或者特细面条

1/3 杯（80 毫升）特级初榨橄榄油，外加一些收尾时用

1 到 2 瓣蒜，切成碎末

新鲜红辣椒，剁碎，或捣成红辣椒碎片，外加一些上菜时用（根据辣椒威力和你的口味进行调整）

新鲜欧芹，剁成细末，用作装饰

将一锅冷水煮沸，撒入一把盐，放入面条。

这期间，在一口大号炒锅内以中火加热橄榄油；放入大蒜，和着剁碎的红辣椒轻轻翻炒，直到大蒜基本变成棕色但还没烧焦。当面条煮到熟而有嚼劲时，用漏勺捞起面条倒入上述炒锅内，开大火，快速搅拌混合，时间不超过 1 分钟。撒上欧芹、橄榄油，另外根据自己的口味加上剁碎的生红辣椒，上菜。

其他做法

鱼酱油意面

以大蒜、橄榄油和红辣椒为基础调味料的意面可以有无数种变化，其中最美味的要数 “colatura di alici” 搭配意面了，colatura 是一种特殊的凤尾鱼油，取材于在木桶中用盐腌渍和保存的凤尾鱼片。这种长而复杂的工序可以追溯到古罗马时代（他们称之为“鱼酱油”）。

意面要在未放盐的水中煮。将凤尾鱼油加到未经翻炒的橄榄油、大蒜瓣和红辣椒中（每 85 克到 110 克意面添加 1 大汤匙鱼油）。阿马尔菲海岸的切塔拉海港小镇的名产就是这种凤尾鱼油。如果你找不到这种鱼油，可以在锅中熬制几块脱盐凤尾鱼，配上橄榄油、大蒜和红辣椒，也能得到相近的味道。

右页：

上左：罗伯特在确保我妈妈看上去完美无瑕（康妮的家里，1991 年 2 月）

上右：妈妈和“杰西”（“和平之邸”）

中左：与罗伯特以及他们挚爱的杰克拉塞尔梗犬（1987 年）

中右：妈妈和罗伯特在康妮家（比弗利山庄，1980 年）

下左：与罗伯特和康妮在康妮·沃尔德家里（1988 年春季）

下右：与罗伯特在一次钓鱼之旅中（夏威夷，1981 年）

狗狗的餐食：妈妈和她的动物们

“为什么你们的床上有两只小狗跟你们一起睡？”
“因为我们还没找到可以容纳四只狗的狗窝。”

——奥黛丽·赫本

她对那只狗非常着迷，她对养过的所有狗都非常着迷，养狗也从来没有断过。

——比利·怀尔德

妈妈相信说点儿“善意小谎”无伤大雅，那些小谎与事实略有出入，可以让生活少些苦恼，而又不伤害任何人。我清楚地记得一件事，是关于从我小时候起就一直养着的两只狗的。“‘卡奇’和‘莫格利’怎样了？”我问。她的回答是：“它们在瑞士山区可爱的寄养医院里康复，吸着新鲜空气，所有到了一定年纪、生了病的可卡犬都要去那里。”

我当年大概5岁，我真的相信了这个故事，而且是抱着孩子对妈妈的话的那种绝对信任。我还常常纳闷呢，那两只漂亮极了的黑色可卡犬为什么一直都不回“和平之邸”。后来等我长到很大了（时间已经减轻了我潜藏的悲伤），我才从妈妈那里得知真相，她是为了不让我像她一样在狗儿死去之时感到痛苦的折磨。

妈妈在罗马郊外的拉魏格纳跟一个毛茸茸的朋友玩耍（1955年）

在“卡奇”和“莫格利”之前我们养过其他狗，之后也有过很多狗，它们每一只所得到的爱都是独一无二的，给予它们爱的人都没有把自己当作狗的主人，而是狗的生活伙伴。

妈妈拍得最多的是一只叫“著名先生”的狗，名字起得很恰当，这个小名流常常在片场溜达，促进了当时妇女间约克夏犬癖的传播。妈妈和“著名先生”之间有一种近似于相依共生的关系，至少一直到妈妈接受制片人建议，带她的合演者——一头小鹿回家之前是这样的。那时妈妈正在拍摄《绿厦》（1959 年），那头弱不禁风的小鹿名叫“皮平”，昵称 IP，带它回去可以让彼此更熟悉一些。

只过了很短一段时间，妈妈和 IP 就形影不离了，这头小鹿甚至还跟着她去过比弗利山庄的超市呢。尽管人和鹿的相处时间很短，但“著名先生”对他们的关系嫉妒死了。跟一头鹿在一起生活是很难应付的事情，即使是我妈妈也一样，所以很快她就不得不把 IP 放到动物园里去了。IP 被丢到那里时发出了心碎的鸣叫，听着那喊声，妈妈意识到她实在不该试图驯化一头野生动物，她永远也原谅不了自己。

“著名先生”在拍摄《双姝怨》期间（1961 年）于洛杉矶遭遇车祸而死。而我熟识的狗狗们则有着不同于“著名先生”的命运，没有与众不同的名气是一方面，而另一方面是它们忠实地见证了一位年轻电影明星逐渐简化她的生活，最终变成一个忙于照顾花园、家人和家中所有动物的夫人的过程。在妈妈养过的狗中最值得一提的就是她的杰克拉塞尔梗犬们，她一碰到这种狗，就再也丢不下了。

杰克拉塞尔梗犬是一种会让人产生误会的狗。它体形很小，总被当成温驯的伙伴，而事实上它代表着原始的力量，肌肉发达，某些情况下还暴躁易怒，是追捕狐狸和豪猪的优秀猎手，它绝不

上左：我妈妈和小鹿“皮平”在杂货店里，这头鹿曾和她一起出演《绿厦》（1958 年）
上右：与罗伯特和“塔平斯”（1991 年 4 月）
中左：悉心照料一位四条腿朋友（1962 年）
中右：妈妈住在乔治·布彻家所在的英国乡村（约 1938 年）
下右：妈妈的地址簿

VETERINAIRES

— ADRESSE —

LOS ANGELES

CARREAU R.A. GRanite
Cozzen's Dog & Cat Hospital 3-3200
1240 Glendon
Westwood 474-7600

LUCERNE

VOGELI Dr. Med.Vet.F.
Pilatusstrasse 22 2-80-41

PARIS

TRIAU Docteur (2-5 p.m.) JASmin
35, rue Leconte de Lisle 23-85
(16e)

ROME

CHIERA Dr.
Via della Palombella 28
10-12.30 & 4.30-7.30 Off: 561-124
Home: 354-228
D'ASPRO Mario (recom.by Moncada)
462-242
891-460

LAUSANNE

Dr. P. HANGARTNER 225760
Av. Marc-Dufour 5

Aubonne
Dr. Crottaz 765042

“莫格利”是我们两只黑色可卡犬中的一只（“和平之邸”）

允许猎物跑掉，为了追击它可以爬上或者掘壕绕过最难穿过的铁丝网。

妈妈对这种狗可谓一见钟情，尽管她的第一只杰克拉塞尔梗犬是在一桩门不当户不对的婚姻中生下的，它父亲叫“杰基”，鲁莽冲动，体形超大，母亲“皮齐里”则是拥有罕见智力的杂种狗。一天，“皮齐里”跟着维罗爷爷从一家乡村酒吧里走出来，从那以后它就成了我们生活中不可分割的部分。

“皮齐里”是不羁的天才。她会先狼吞虎咽地吃掉自己的食物，然后假装搜寻地上的碎屑，好让我们以为她还没吃到东西，如此她就能够再骗得一份吃的。“杰基”会追逐一切会动的东西，尤其是猫，那些不幸住在“和平之邸”附近的人也许还能记起那场景，就连被风吹起来的一穗麦子都能激发它。有一天妈妈去拦阻它，“杰基”一不小心还咬了她，导致她的手上缝了几针。“皮齐里”和“杰基”都很长寿，还生了几只可爱的小狗。这些狗看起来就像是最纯种的杰克拉塞尔梗犬，完全可以媲美任何纯种狗，之后它们就被安顿在“和平之邸”或罗马了，但它们全都没有像它们的父辈那样幸运。

“詹西”在罗马吃了一个腐烂肉丸之后死了；还有“玛芬”，它生活在瑞士，不过结局也类似。那时候一个冷酷无情的兽医告诉我们必须杀掉“塔平斯”，那段时间我们简直像是在鬼门关走了一遭。不过后来“塔平斯”却平静地老去，只是稍微有点儿跛。妈妈的最后一条狗，也是她最喜爱的一只狗，名叫“潘妮”。她常年躺在妈妈的床上，它讨厌的性情唤醒了我的青春期叛逆。因为它，我跟妈妈亲吻说晚安都成了一件危险的事，我得冒着鼻

子上被咬一口的风险。

不过妈妈从来没有忽略掉人与狗之间的差异，也没有错误地给后者赋予人性。在担任大使期间，妈妈来到了这个星球上最悲惨的地方，在做这项工作的时候，“潘妮”不能伴她左右。但妈妈回来后，她会用一切老规矩来照顾“潘妮”。定时宴请宾客、每日给狗喂食以及大量远距离散步，这些都是妈妈回到家后最喜欢的几大乐事。

在碗里

给狗吃罐头食品还是自己在家做狗粮，现在已经是可以自行选择的事了，不过在当年还不是这样。妈妈给她的狗准备的糊状饲料通常是用煮熟的大米饭（从不疏松）和一点儿烤肉外加胡萝卜做成的，等饲料凉下来后还要加点儿橄榄油来调味。

她每星期都会在饲料里加一次蛋黄，这对狗的皮毛是有好处的。我们家吃炖小牛肘的时候妈妈也很高兴，因为这样她就可以把煮过的骨头给狗吃了。

妈妈和“皮平”以及她的约克夏犬“著名先生”一起在院子里奔跑(1958年)

在儿童的小世界里……没有什么比不公正更容易被他们感知和察觉。[18]

——查尔斯·狄更斯

妈妈登上一架美军直升机前往索马里会见那里的美国海军陆战队士兵，他们正在那儿协助联合国维和部队（1992 年）

6

真正重要的事:

她的遗赠

巧克力慕斯：白宫宴会

我在妈妈的书信中发现了一张卡片，上面的日期是1981年12月4日，上面写有一份白宫宴会的菜单：鲜虾浓汤、辣子鸡、比利时菊苣、布里干酪、薄烤面包片、巧克力慕斯。

乍看之下，它就像是一种中和了的宴席，把某些完美却又缺乏个性、属于典型公务接待的菜肴与体现当时白宫主人口味的菜肴折中了一下。罗纳德·里根喜好简餐，诸如碎牛肉汤，或者通心粉和奶酪一类，他还酷爱软心豆粒糖和南瓜馅饼之类的甜食，也特别热衷于猴子面包（这是他的夫人南希的拿手菜之一）以及各类巧克力。

他和我妈妈都特别喜欢巧克力，对我妈妈来说，从战争结束时一个士兵送给她几块巧克力开始，这就一直是她唯一无法抵御的美食诱惑。悲惨岁月已成为过往，但她却从没有丢掉这个并不算有害的小缺点，尽管她的自我约束很严格。偶尔，吃一小口巧克力，甚至只是闻着它缓慢融化时散发出的气味，也是有助于赶走沮丧和忧郁的。

其他的我不知道，但可以肯定的是，妈妈和这位总统对慕斯的态度是一致的。这位总统、第一夫人，还有我妈妈，他们曾一起在好莱坞工作过一段时间。“我真的不知道我第一次见到奥黛丽是什么时候，她好像一直都是我们生活的一部分。我想肯定是在我们两人同处电影圈的时候吧。”儿童基金会在好莱坞发起

妈妈在越南黄连山，身穿赠送给她的民族服饰（1990年）

活动时，这位前第一夫人在她寄出的一封短信中如是写道。我能找到几份里根时代的总统请柬，想必这就是原因吧。

妈妈在苏丹（1989 年）

不过，妈妈与美国政治人物的首次接触要比这早许多，但那时她接触的还不是总统，而是一名年轻的民主党参议员，他来自马萨诸塞州，当时刚刚被选进国会，他就是约翰·费茨杰拉德·肯尼迪。那个时候妈妈还没有那么出名，她刚刚拍完电影《罗马假日》，正在戏剧《金粉世界》的美国巡演途中。两个人都是大有前途的年轻人，结识后都很喜欢对方，相互的敬慕也随着年月不断增加。肯尼迪最后一个生日那天晚上，妈妈还唱着“祝你生日快乐，总统先生”的歌。仅仅几个月后，她就不得不向拍摄《窈窕淑女》的全体演职人员宣布，这位总统于达拉斯遇刺。

后来，直到她开始担负起自己的人道主义使命时，才不得不真正面对政治，尽管对她来说“照顾儿童跟政治没有任何关系，是纯粹的生存问题”。[19]

妈妈知道她必须去声讨贫穷的原因，而不仅仅是在危险发生过后跑去救援。她找到了最适合声讨的措辞，也找到了最适合声讨的地方（美国国会和电视演播室），力图推动媒体报道已被遗忘的危险，促使政治家不要对此视而不见。

她从索马里回来后，乔治·赫伯特·沃克·布什授予了她“总统自由勋章”，这是美国平民享有的最高荣誉。罗伯特还清晰地记得，那天总统将电话打到了洛杉矶康妮的家里——妈妈当时在那里住着，已检查出了肿瘤，刚刚出院。她极其艰难地下了床，走过去接了电话，但她没能参加授勋仪式。在她去世以后，那个勋章被送到家里。

巧克力慕斯

4 人量

慕斯的艺术很大程度上存在于舌头下的泡沫与唇齿间咔嚓咬嚼的巧克力这两者间的对比。黑巧克力这种现在无处不在的奢侈品还是要谨慎点儿用，只要几块就相当完美了。它是自制慕斯的基础。但我不确定管理白宫厨房的主厨是否同意我们的观点。

400 克黑巧克力

3.5 大汤匙（50 克）无盐黄油

2 个鸡蛋，分离出蛋黄与蛋清，外加 1 个鸡蛋清备用

3 大汤匙（40 克）糖

将 300 克巧克力粉碎，倒入一个深平底锅内，置于一口双层蒸锅内以小火熔化，期间不断搅拌。巧克力完全熔化后，关火，加入黄油、两个鸡蛋黄和糖。

在碗内搅打 3 个鸡蛋清，一直打到硬性发泡，然后加入上述巧克力拌合物，用一把塑料刮刀自下而上轻轻搅和，如此鸡蛋清才不会瘪下去。冷却后，盖上盖子放置 3 小时。

用剩下的 100 克巧克力做出刨花或者曲卷，为慕斯装饰。

UN
UN

THE WHITE HOUSE

WASHINGTON

January 14, 1993

Dear Audrey:

I am delighted to send you the Presidential Medal of Freedom in honor of your outstanding contributions to humanity, through the arts and through your outstanding service to UNICEF.

As I mentioned in our telephone conversation and during the awards ceremony, I regret that you were unable to be with us here at the White House so that I could personally present this award to you. Nevertheless, it was a privilege to celebrate your many contributions to film, as well as your wonderful humanitarian work in behalf of children around the world. As a gifted actress, you have won the affection of millions of fans; as a giving, caring individual, you have won our enduring respect as well.

Barbara joins me in sending warmest best wishes to you.

Sincerely,

We are very proud of you.

Miss Audrey Hepburn
"La Paisible"
1131 Tolochenaz
Vaud
SWITZERLAND

DINNER

Shrimp Bisque
Fennel Sticks

Breast of Chicken with Red Peppers
White Rice
Tiny Sugar Peas

Belgian Endive and Bibb Lettuce
Brie Cheese
Melba Rounds

Chocolate Mousse

Champagne

Silkwood Cellers
Chardonnay
Schramsberg Crémant

THE WHITE HOUSE
Friday, December 4, 1981

左页：
上左：妈妈代表联合国儿童基金会出访索马里，背景里是摄影师贝蒂·普雷斯（1992 年 9 月）
上右：代表联合国儿童基金会出访期间（1989 年）
中左：欢迎联合国部队（1992 年）
下：妈妈在出访索马里期间（1992 年 9 月）

右页：
上左：乔治·赫伯特·沃克·布什总统授予“总统自由勋章”的信件（1993 年）
上右：带有亲笔签名的白宫宴会菜单背面（1981 年 12 月）
下右：白宫宴会菜单（1981 年 12 月）

世界上最珍贵的食谱：联合国儿童基金会食谱

妈妈过去常说：“一个挨过饿的人从不会因为牛排煎得欠火候就把它退回去。”在作为联合国儿童基金会大使多次出访国外期间，她都一直坚持这条原则，从没有打破过。罗伯特向我承认，在某些场合，他会假称自己有溃疡来避开某些“完全难以理解的菜”，转而去吃香蕉或者喝粥。但妈妈不会，甚至当她从索马里回来并患上严重胃痛时也仍然如此。关于她的胃痛，我们当时还误会了一段时间，以为她可能在那边感染上了某种传染病。

据罗伯特回忆，索马里是唯一一处妈妈特别不想吃送上饭桌的菜的地方，因为当时在一个村子里，他们就在通往“餐厅”的前厅里放光了晚饭主菜（一头山羊羔）的血。不过她很快就克服了那种不适感，在那个长期处于无政府状态并饱受干旱折磨的国家里，还有许多其他不合情理的事情。那是她最后一次也是最艰难的一次出差。“我去过地狱后又回来了。”她如是说。

1988 年，她接受使命出访埃塞俄比亚，那次旅行她是抱着可以改变现状的希望去的，这也促使她满腔热情地接受了她的新角色。“我花了一生的时间来为这份工作排练，我终于得到这个角色了。”在被任命为联合国儿童基金会亲善大使后她立刻说。

妈妈曾经是首批受到联合国儿童基金会救助的儿童之一，更准确地说是受到该组织的前身“联合国善后救济总署”的救助。1945 年，“救济总署”和解放者们一起进入了荷兰。她一直都

妈妈在她挚爱的“和平之邸”屋前（约 1990 年）

记着那些卡车，“装着面粉、黄油，以及所有我们许久都没有见到的那些东西，所有那些我们渴望已久的东西”。饥饿岁月后的第一顿饭就是“联合国善后救济总署”给她准备的。

数年后，在访问苏丹一处难民营时，妈妈注意到一个男孩独自离开人群，四肢摊开躺在一张旧床垫上。她问那男孩怎么了，医生说他患上了急性贫血、呼吸道疾病以及由于极度营养不良而导致的水肿。“他和我在战争结束时的状况一模一样，”她表明，“那个年纪，那三种情形。我当时想这是多么奇怪的巧合啊，但那也是美丽的时刻，因为就在那时，一辆联合国儿童基金会的大卡车到了，满载着药品和食物。”[20]

我相信妈妈在这些场合中感受到了回馈的喜悦，即把她所接受到的东西再回馈出去（至少是部分）的喜悦。她帮助儿童的本能深深扎根于她的经历之中，她懂得童年被否定所导致的那种伤痛和脆弱。她的形象可以用于美好的事业，她能意识到这一点，我认为自己也出过一份力。我深爱的爷爷当时在罗马郊外一所破败的医院里治病。一次我和妈妈一起去看他时，我发现他的一个病友已经死了，却还没人注意到。这就是我爷爷看病的地方？我愤怒极了，跟妈妈说：“你就不能用一下你的名字帮我爷爷争取到更好的治疗？就一次！”妈妈是那么习惯于排队，习惯于遵守规章、法律以及没有任何例外的惯例。对她来讲，接受优先对待是一种不可饶恕的罪过。

然而，那一次她还是向医院提出了请求：第一次她没提自己的名字，也没得到想要的结果；第二次她说了自己的名字，我爷爷的病痛就奇迹般地减轻了，处境也变好了。我是很久以后才从罗伯特那里听说此事的，她自己是从来不会承认的。当她意识到可以利用自己的名声来行善时，她便认为如此做是她的职责。

她在接受联合国儿童基金会的提议之后说道："在这个领域内我没什么经验，但我是一位母亲，而且我愿意旅行。"当我向她指出这份工作特别累人时，她回答说："你也很累人，知道吗？现在你长成个大人了，还有其他小孩子需要我去照顾。"

她不会停下来，在她发现了一份非凡的食谱之后更是如此，这份食谱无疑是你们在这本书里见到的最为珍贵的食谱，它的名字叫"口服补液疗法"。自从1968年人的首次运用这份食谱以来，它已经拯救了五千多万人的生命，大部分都是儿童，如果没有它，这些人就有可能会死于痢疾导致的脱水。

这份食谱极其简单，你只需要饮用水、糖和盐就行了。年轻的医生戴维·纳林首次将其作为一种疗法进行应用，那时他被迫在孟加拉国一处帐篷搭建的医院里处理一场蔓延的霍乱。

纳林知道，要想保住一名脱水病人的命，就必须给他补充水分，补水速度要和他流失体液的速度一样快。据联合国儿童基金会介绍："20世纪还没有哪一种医学成就有能力在那么短的时间内以那么小的成本来阻止如此多的死亡。"基金会已经将这份神奇的食谱带到了全世界最遥远偏僻的角落。

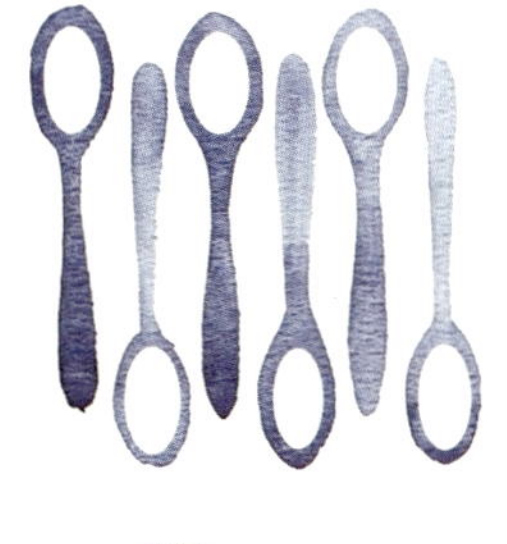

任何人都可以配置出一剂"口服补液疗法"，你只需要将配料混合起来就行。真正的挑战在于：当脱水情况出现时，对个人或全体居民来说，能有饮用水和合适的地方。这也是为什么最好将这项工作交给联合国儿童基金会，或者其他人道主义者的原因，因为一旦需要这份"食谱"他们就能马上准备出来。

口服补液疗法

将8小匙（100克）糖和1/2小匙（5克）盐融化到1升饮用水中。

THE WHITE HOUSE

WASHINGTON

December 22, 1989

I am delighted to send my warmest greetings to all those gathered for the annual Golden Globe Awards Gala. I also send my congratulations to Audrey Hepburn as the Hollywood Foreign Press Association Board of Directors honors her with the Cecil B. DeMille Award.

An actress who has delighted fans the world over with delightful performances ranging from a cockney to a princess, Audrey Hepburn is truly one of our most talented, respected, and loved actresses. Yet it is not for her wonderful acting ability, but rather her giving of herself to others that has won the love of children of the world for Audrey Hepburn. Her tireless efforts on behalf of UNICEF have brought help and hope to children who otherwise would be living desperate lives of want. I commend her for her shining example of serving others.

Barbara joins me in sending our best wishes.

乔治·赫伯特·沃克·布什总统的信，恭喜妈妈获得了金球奖的塞西尔·B.戴米尔奖，并祝贺她在联合国儿童基金会所取得的成就（1989年）

右页上：在一架去往索马里的美国军用直升机上（1992年）

右页下：与罗伯特在索马里（1992年）

奥黛丽·赫本生平年表

1929 年：5 月 4 日，奥黛丽·凯瑟琳·范海姆斯特拉·拉斯顿在比利时布鲁塞尔出生。如她所讲述，“三个星期后，我死于百日咳，然后又活了过来，多亏了我母亲的祈祷和拍打。”奥黛丽的父亲是英国人，名叫安东尼·约瑟夫·维克托·拉斯顿（“赫本”这个祖上的姓是在 1939 年 4 月 6 日才加到她名字里的），母亲是荷兰人，名叫埃拉·范海姆斯特拉。这次婚姻都是他们两人的第二次婚姻。埃拉先前就有两个儿子，一个叫亚历山大（出生于 1921 年），另一个叫伊恩（出生于 1924 年）。

1929 年—1934 年：奥黛丽和她的哥哥们跟着约瑟夫与埃拉在海牙、林克贝克区（布鲁塞尔郊外）、伦敦几处来回周折。

1934 年：奥黛丽五岁时被送到英国肯特郡一所寄宿学校内，学校开办人是利登姐妹。节假日她就到郊外一个矿工家庭里生活。

1935 年：约瑟夫和埃拉成为奥斯瓦尔德·莫斯利爵士的追随者，此人是新成立的“英国法西斯联盟”的领导人。是年春末，约瑟夫离开了他的妻子。

1935—1939 年：利登姐妹中有一位是大舞蹈家伊莎多拉·邓肯的学生，她把奥黛丽领进了芭蕾舞艺术的世界。芭蕾舞老师每星期从伦敦来一次，少女奥黛丽跟着她学习，由此，对芭蕾舞的巨大热情伴随了她一生。

妈妈和“皮平”在休息（1958 年）

1938 年： 父母离婚；监护权判给了奥黛丽的母亲，但奥黛丽仍住在肯特郡。

1939 年： 9 月份战争爆发时，埃拉决定带女儿去荷兰阿纳姆，她认为那里会更安全些。奥黛丽和她父亲见面后，登上了最后一批离开英国的飞机。而她父亲约瑟夫，和众多莫斯利的追随者一样，未经审讯即被关押，先是在伦敦，后来在战争快要结束时被关到马恩岛上一处政治犯集中营。他的前妻和女儿在长达二十五年的时间里没有他的任何音信。

1940 年： 5 月 10 日，德军入侵荷兰，距离边境一箭之遥的阿纳姆成为最先沦陷的城市之一。5 天后，荷兰被迫投降，王室成员迁往伦敦。对荷兰老百姓来说，延续 5 年的漫长严冬开始了。

1941 年： 奥黛丽 12 岁，开始在阿纳姆音乐学校接受正式的舞蹈演员训练，她师从温娅·玛若娃，一直学习到 1944 年夏季。这位老师和她的得意门生之间建立起了深厚的情谊。

1942 年： 8 月 15 日，奥黛丽的姨夫奥托·范林堡·斯蒂勒姆（埃拉姐姐米斯叶的丈夫）被德军在一处森林里枪毙，一同遇害的还有另外 5 个人。这是为了报复犯下抵抗入侵者之罪的荷兰人而进行的首次平民处决。这件事沉重地打击了奥黛丽一家。在亚历山大参加了抵抗运动，伊恩又被德国人流放之后，只有奥黛丽和她母亲以及她亲爱的姨母留了下来。这两姐妹在她们父亲艾尔诺德·范海姆斯特拉男爵家里躲避灾难。

1944 年： 9 月 17 日，“市场花园行动”打响。这是到那时为止规模最大的一次空降作战。阿纳姆城变成了一处屠宰场。埃拉和奥黛丽像其他众多勇敢无畏的荷兰人民一样，掩护和援助那些伞降到市内的英国士兵。德军是不会原谅他们的，战争的最后几个月有好几千荷兰人死于饥饿。

1945 年： 5 月 4 日，荷兰解放，那天是奥黛丽的 16 岁生日。她当时身高 1.68 米，体重却只有 80 斤。她患有哮喘、黄疸病以及其他由于营养不良而导致的疾病，包括急性贫血和重度水肿。

1945—1948 年： 1945 年年末，奥黛丽和她母亲搬到了阿姆斯特丹。他们之前就所剩无几的财产已经随着战争烟消云散了。埃拉找了几次工作，先是做女佣和厨师，后又成了鲜花店经理。奥黛丽师从当时的荷兰芭蕾舞明星桑妮雅・盖斯凯尔。1948 年，奥黛丽在一个英裔荷兰人的电影中初次露面，影片名为《荷兰七课》，她在这部给人印象不深的电影中扮演了一个小角色（荷兰皇家航空公司的空中小姐）。

1948 年： 奥黛丽获得跟英国芭蕾舞界传奇人物玛丽・兰伯特学习的奖学金，于是母女二人搬往伦敦。她们带着仅有的一百英镑来到这座城市。埃拉不停地换工作（第一次是在伦敦梅费尔区找到了公寓楼管理员的工作），与此同时奥黛丽也做模特赚了一些钱。她通过镜头结识了罗杰・摩尔并与其成为朋友。

1949 年： 在歌舞剧《鞑靼酱》排练期间，奥黛丽爱上了法国歌手马塞尔・勒蓬（Marcel le Bon），这是她第一个"认真的"男友。她和她的合唱团同事们要工作到深夜，在西罗夜总会的节目中跳舞。

1950 年： 奥黛丽在英国联合影业公司（ABC）制作的电影《天堂里的笑声》中扮演了一个卖烟的女孩，首次有了多场露面。同年，她认识了詹姆斯・汉森，并与其订婚。《开胃酱》在伦敦剑桥剧院开演。奥黛丽从合唱团中得到了独幕喜剧的角色。

1951 年： 电影《蒙特卡洛宝贝》中，她扮演一名年轻女演员，在巴黎大饭店拍摄该片时，她偶然遇上了科莱特。根据这位法国大作家的小说《金粉世界》改编的戏剧当时即将在百老汇公演，正在寻找主角的科莱特看中了奥黛丽。在纽约开始排练的前几天，奥黛丽到伦敦松林制片厂去试镜，试镜影片名为《罗马假日》，由威廉・惠勒执导。片方最终确定由她与格列高里・派克联合主演，她在剧中扮演年轻的"安妮公主"一角。电影《野燕麦》于 1951 年 5 月发行。《拉凡德山的暴徒》于 1951 年 10 月发行。

1952 年： 《罗马假日》在夏季拍摄；《金粉世界》百老汇最后一晚演出后，奥黛丽立即赶往罗马，电影一拍完她又立即离开，进行《金粉世界》的美国公路巡演。她周游了 8 个月。其间，由于无法想象的长期分离和职业需要，在数次延期婚礼之后，她解除了与詹姆斯·汉森的婚约。

《双姝艳》首映，《蒙特卡洛宝贝》发行，《少妇轶事》首映。

1953年：8月份《罗马假日》在剧院公映，奥黛丽一炮而红。在一次伦敦的宣传宴会上，格列高里·派克把她介绍给了梅尔·费勒。9月份奥黛丽返回片场，与汉弗莱·博加特和威廉·霍尔登一起在比利·怀尔德执导的《龙凤配》中担当主演。影片中奥黛丽穿的很多衣服都是于贝尔·德·纪梵希设计的，一场伟大的友情就此诞生。拍摄这部电影期间，奥黛丽首次独自生活，住在洛杉矶一处出租公寓里。

1954年：5月25日，她凭借《罗马假日》获得奥斯卡金像奖，三天后又凭借她和梅尔·费勒一起合演的戏剧《美人鱼》获得托尼奖的最佳女演员奖。这是一次双重成功，此前仅有一位女演员获此殊荣。9月，她和梅尔·费勒在瑞士的布尔根施托克结婚，随后住在那里，在那段难得的短暂时光里，她不用从一个片场到另一个片场满世界跑。婚后不久，奥黛丽就怀孕了，但孩子流产。

《龙凤配》在剧院公映，后来她凭借此片再次获得奥斯卡提名，还获得了颇具声望的“英国电影和电视艺术学院奖”(BAFTA)的最佳女演员奖。奥黛丽与梅尔在罗马拍摄了金·维多执导的史诗电影《战争与和平》，一起出演该片的还有亨利·方达和维托里奥·加斯曼。

1955年：因《龙凤配》而获得奥斯卡提名。

1956年：奥黛丽在斯坦利·多南执导的电影《甜姐儿》中实现了她和弗雷德·阿斯泰尔共舞（共唱）的梦想，是理查德·阿维顿对奥黛丽静物照片的蒙太奇手法运用促进了这部电影的成功。该年末，她在比利·怀尔德执导的《黄昏之恋》中饰演一个角色，和加里·库珀联袂演出。这两部影片均于1957年公开上映。

奥黛丽出演《魂断梅耶林》，这是她和丈夫梅尔·费勒合演的一部电视剧。

1958年：这一年有相当一部分时间奥黛丽都在拍摄《修女传》，该片由弗雷德·金尼曼导演。这是一份让人喜爱也让人筋疲力尽的工作，耗时6个月，在两个地方——比利时和刚果拍摄。拍摄完毕后，她与安东尼·博金斯一起参演《绿厦》。这是梅尔·费勒为她执导的最后一部影片。

1959 年：约翰·休斯敦导演的《恩怨情天》在墨西哥沙漠中拍摄，她和伯特·兰卡斯特联合出演，这是她的第一部也是唯一一部西部片。拍摄期间，她从一匹公马上摔了下来，仰面朝天跌倒，摔断四根椎骨。之后不久她又流产了。同年，由于梅尔和红十字会的帮助，奥黛丽得以和身在爱尔兰的父亲团聚，这时他们已将近 25 年未曾谋面了。

1960 年：7 月 17 日，肖恩·费勒出生在瑞士卢塞恩。3 个月后，奥黛丽从瑞士飞往纽约，在电影《蒂凡尼的早餐》中扮演霍莉·戈莱特丽一角，该片由布莱克·爱德华兹导演。凭借《修女传》获奥斯卡提名。

1961 年：奥黛丽和雪莉·麦克雷恩联合出演威廉·惠勒执导的《双姝怨》，该片激起了偏见者的愤怒，因为影片中影射了同性恋。

1962 年：奥黛丽在法国拍摄两部电影：一部是未获成功的《巴黎假期》，由理查德·奎因导演，片中主演还有威廉·霍尔登，另一部是大获成功的《谜中谜》，由斯坦利·多南导演，这部影片是她首次也是唯一一次与加里·格兰特联合主演。
凭借《蒂凡尼的早餐》获得奥斯卡提名。

1963 年：奥黛丽得到了《窈窕淑女》(1964 年) 中伊莉莎·杜利特尔的角色，该片由乔治·库克导演，当时由朱莉·安德鲁斯和雷克斯·哈里森主演的百老汇版本已经获得了成功。奥黛丽那时坚持不懈地练声，但是最终版本中几乎所有歌曲都由玛尼·尼克松配唱。

1965 年：奥黛丽买了她梦寐以求的房子，地址在托洛彻纳茨附近，距离洛桑大约 19 公里。“和平之邸”是她长久以来向往的庇护地，那些年她回那里的次数越来越频繁。肖恩开始上学后，奥黛丽放慢了工作和生活节奏，以便能陪伴在他身边。她最好的朋友之一多丽丝·克莱纳·布林纳和她的丈夫尤尔·布林纳也住在附近。她在巴黎度过了这一年的夏天，在那里参演威廉·惠勒执导的《偷龙转凤》，与彼得·奥图一起演出。

1966 年：夏季她回到法国，这次是去“蓝色海岸”，在这个外景地拍摄了《丽人行》（1967 年）的很多镜头，该片由斯坦利·多南导演，她和阿尔伯特·芬尼演一对夫妻。

1967 年：年初，她在特伦斯·杨执导的《盲女惊魂记》里扮演一个盲女，这部影片让她第五次获得了奥斯卡提名。电影拍摄期间，她非常想念肖恩，于是电影拍完时，她的表演生涯也进入了尾声。这还不是她唯一的辞别：9 月份，梅尔和奥黛丽宣布离婚。

1968 年：与梅尔离婚后，奥黛丽一半时间在“和平之邸”，一半时间在罗马，那些年她在那儿建立起各方面的亲密友谊，长期以来她都是洛里安·弗兰凯蒂·盖塔尼-洛瓦泰利家里的座上宾。6 月份，她在希腊乘坐“卡利斯托号”外出航游，“卡利斯托号”是保罗—安尼克·韦耶与奥林匹亚·托洛尼娅的游艇。“在以弗所和雅典之间”，她与罗马精神病专家安德烈·多蒂相爱。
6 月份，奥黛丽获得“托尼特别奖”。
凭借《盲女惊魂记》获得奥斯卡提名。

1969 年：1 月 18 日，奥黛丽和安德烈在莫尔日的市政厅举行婚礼。奥黛丽的证婚人是多丽丝·布林纳和卡普辛，安德烈的证婚人是他的姑父，画家雷纳托·古图索，还有保罗—安尼克·韦耶。他们在罗马市内找了所房子，肖恩也在那里的法语学校入学。奥黛丽很快怀孕，接下来的几个月她很多时间都在“和平之邸”度过。

1970 年：2 月 8 日，卢卡·多蒂在洛桑降生。多蒂一家返回罗马，奥黛丽做全职母亲。他们先住在老城中心的朱利亚大街附近，后又搬往适宜居住的帕里奥利街区。

1970 年：12 月 22 日，奥黛丽参加由朱莉·安德鲁斯主持的联合国儿童基金会电视特别节目《爱的世界》。这是她首次为这个组织出力，后来她将自己的余生都奉献给了该组织。那次，奥黛丽·赫本“代表”的是她所移居的国家——意大利。

1975 年：息影八年后，奥黛丽回归了表演事业，在理查德·莱斯特执导的《罗宾汉与玛莉安》（1976 年）中，与肖恩·康纳利联袂演出。她和卢卡在西班牙潘普洛纳的片场度过了那一年的夏天。

1978年：在拒绝了各种各样的演出邀请后，奥黛丽接受了《血统》（1979年）中一名女继承人的角色。该片由她的朋友特伦斯·杨导演，本·盖扎拉与她合演。这次选择很不幸，人们对这部电影的评论是她整个职业生涯中最差的。

1980年：奥黛丽和安德烈告诉卢卡，他们决定分开。年中，奥黛丽现身纽约，拍摄彼得·博格达诺维奇执导的《哄堂大笑》，这部剧中她再次与本·盖扎拉合演。电影拍摄完时，奥黛丽找上荷兰演员罗伯特·沃尔德斯，在皮埃尔酒店喝了很长时间的酒——几个月前，他们在洛杉矶共同的朋友康妮·沃尔德家中就认识了。10月16日，奥黛丽到了都柏林她父亲的病榻旁，约瑟夫·拉斯顿·赫本在去世前与女儿和好。

1982年：奥黛丽与安德烈离婚。为了让卢卡能够待在他父亲身边，她留在罗马，来回穿梭地去瑞士，她的新伴侣罗伯特·沃尔德斯住在那里。奥黛丽一直到1986年才搬到“和平之邸”，她的儿子卢卡也离开罗马夏多布里昂中学，在瑞士一所寄宿学校入学。

1987年：和她的朋友罗伯特·瓦格纳一起演戏的机会第一次出现了，奥黛丽没有让这个机会溜掉。影片名为《窃贼之爱》，由罗杰·杨导演，这是奥黛丽30年内的第一部电视电影。

1988年：在参加完联合国儿童基金会的一系列活动后，奥黛丽被任命为该组织的亲善大使并起身前往埃塞俄比亚，这是她最后岁月的众多出使任务之一。

1989年：这一年夏季，她在蒙大拿州拍摄斯蒂文·斯皮尔伯格执导的《直到永远》，斯皮尔伯格是她自从看过《E.T.》（外星人）后就非常钦佩的导演。她在剧中扮演天使“哈普”，与理查德·德莱福斯一起参演。这是她最后一次电影表演。

1990年：奥黛丽为朋友迈克尔·蒂尔森·托马斯所作的一支乐曲《来自安妮日记》（*From the Diary of Anne Frank*）提供画外音。3月，这支曲子由新世界交响乐团在美国进行短期巡演，托马斯指挥。

1991 年：林肯中心电影协会对奥黛丽·赫本进行表彰。好莱坞外国记者协会（金球奖）授予奥黛丽塞西尔·B. 戴米尔奖。

1992 年：她去往索马里，一个被内战和饥荒严重破坏的国家，这是她最后一次也是最艰难的一次旅行。9 月份奥黛丽回到家，途中的所见让她崩溃，但她比以往更加坚定要做一名见证人。10 月末，她被送进了洛杉矶的赛达斯—西奈医院（Cedars-Sinai Medical Center），医生检查出她患有肿瘤。她在进行了两次手术后和家人回到瑞士。

1993 年：和她挚爱的人们一起过了圣诞节后，1 月 20 日，奥黛丽·赫本最后一次睡去。

1994 年：奥黛丽被追授琼·赫肖尔特人道主义奖（奥斯卡奖项）。

参考书目

[1] 伊恩·伍德沃德，《奥黛丽·赫本》（纽约：圣马丁出版社，1984 年），第 241 页。

[2] 沃伦·哈里斯，《奥黛丽·赫本》（纽约：西蒙与舒斯特出版公司，1994 年），第 244 页。

[3] 安妮·弗兰克，《安妮日记：定本》，奥托·H. 弗兰克、米尔雅·普莱斯勒等编纂，苏珊·马桑提翻译（纽约：双日出版社，1991 年），书写日期：1944 年 2 月 23 日。

[4] 《世袭公主》，《时代周刊》，1953 年 9 月 7 日。

[5] 威廉·霍金斯，《访谈奥黛丽·赫本》，《舞蹈杂志》，1956 年 10 月。

[6] 柯蒂斯·比尔·佩珀，《奥黛丽·赫本·多蒂的爱之世界》，《时尚》（Vogue）杂志，1971 年 4 月 1 日，第 94 页。

[7] 宝林·斯旺森，《电影剧》（Photoplay），1954 年 4 月，第 102 页。

[8] 埃莉诺·哈里斯，《奥黛丽·赫本》，《好管家》，1959 年 8 月。

[9] 西德尼·菲尔茨，《奥黛丽·赫本——成功就是没有安全感》，《麦考斯》杂志，1954 年 7 月，第 62 页。

[10] 盖伊·特雷贝，《好莱坞内部人与明星地图》，《纽约时报》，2012 年 2 月 26 日。

[11] M. 乔治·哈达德，《窈窕淑女》，《好莱坞工作室杂志》，1979 年 9 月。

[12] 谢里丹·莫利，《奥黛丽·赫本》（伦敦：展示馆出版社，1993 年），第 157 页。

[13] 多米尼克·邓恩，《赫本心》，《名利场》，1991 年 5 月，第 136 页。

[14] 艾伦·欧文、杰西卡·Z. 戴蒙德，《奥黛丽珍宝》（纽约：阿垂亚出版社，1996 年），第 101 页。

[15] 范妮·法默，《波士顿烹饪学校烹饪书》（纽约：利特尔 & 布朗出版社，1896 年）

[16] 马塞尔·普鲁斯特，《追忆似水年华》，译者：C.K. 斯科特·蒙克利夫、特伦斯·基尔马丁，修订：D.J. 恩赖特（纽约：现代图书馆出版社，1998 年），第 39 页。

[17] 卡洛琳·莱瑟姆，《奥黛丽·赫本》（伦敦：普罗透斯出版社，1984 年），第 11 页。

[18] 查尔斯·狄更斯，《远大前程》（伦敦：查普曼与霍尔出版公司，1861 年），第 8 章。

[19] 《奥黛丽·赫本：联合国儿童基金会早餐》，《费城询问报》，1990 年月 23 日。

[20] 斯科特·哈里斯，《演员与人道主义者奥黛丽·赫本去世》，《洛杉矶时报》，1993 年 1 月 21 日。

图片来源

扉画、13 页、187 页（下左）、218 页、221 页（中左）、232 页、234 页（上左）、236 页：© Robert Wolders Collection

6 ~ 7 页、225 页（上左）、227 页、242 页：© Bob Willoughby/MPTV Images

9 页、14 ~ 15 页、16 页、20 页、21 页、23 页、25 页、26 页、28 页、29 页、31 页、33 页（上左、上右、下左、下右）、34 页、39 页（上左、中右）、42 页、44 页、45 页（上左、下左）、51 页（中右）、57 页、59 页（上右、下右）、66 页、68 页、79 页（上左、上右、中左、中右）、89 页（上右、中排、下）、91 页、95 页（中）、107 页（下左、下右）、108 页、134 页、137 页、138 页、144 页、145 页、147 页、149 页、148 页、151 页、155 页、157 页、160 页、161 页、163 页、166 页、169 页（下左、右）、170 页、173 页、175 页、176 页、178 页、184 页、186 页、187 页（上排、中右、下右）、190 页、192 页、193 页、196 页、199 页、200 页、201 页、203 页、204 页、206 页、208 页、209 页、211 页（下左）、217 页、221 页（下右）、225 页（上右、中右、下左、下右）、226 页、235 页、240 页：Audrey Hepburn Estate Collection

12 页：Photos by Earl Thiesen; © Earl Thiesen

19 页（左）、45 页（下右）：Photos by Manon van Suchtelen; Audrey Hepburn Estate Collection

19 页（右）：© ANNE FRANK FONDS Basel, Switzerland

33 页（中）：© Doris Brynner

39 页（上右）、140 页、164 页、167 页、169 页（上左）、180 页（下右）、221 页（上右、中右）: Photos by Robert Wolders; © Robert Wolders Collection

40 ~ 41 页、60 页、62 页、63 页、69 页（上）、124 页、126 页、130 页（上）、131 页、169 页（上左）: Photos by Mel Ferrer; Audrey Hepburn Estate Collection

45 页（上右）、89 页（中中下）、151 页、214 页（上右）: Photos by Audrey Hepburn; Audrey Hepburn Estate Collection

48 页、50 页、51 页（上排、中左、中中、下排）、52 页、54 页、59 页（中右）、69 页（下）、95 页（上左）、187 页（中左）、195 页: © Andrew Wald

53 页、221 页（上左、下左）: Photos by Camilla McGrath; © Earl McGrath

56 页、95 页（上右）: Photos by Andrew Wald; © Andrew Wald

59 页（上左、下左）、95 页（上左）、202 页 : Photos by Connie Wald; © Andrew Wald

72 ~ 73 页、82 页（上）、92 页、97 页、98 页、100 页、107 页（上）、110 页 : Photos by Pierluigi Praturlon; © Pierluigi/Reporters Associati & Archivi

74 页、76 页、77 页（左）、180 页（上、下左）、182 ~ 184 页、207 页、214 页（下右）: Photos by Doris Brynner; © Doris Brynner

77 页（右）、84 页、158 页、211 页（上）、212 页、214 页（上左）: Photos by Andrea Dotti; Audrey Hepburn Estate Collection

80 页、86 页、89 页（上左）、122 ~ 123 页、132 页 : Photos by Henry Clarke; © Cond é Nast Archive/Corbis

82 页（下）: © Alessandra Spalletti

83 页：© Flavia Solaroli

95 页（下左）、181 页、211 页（下右）: Photos by Luca Dotti; © Luca Dotti

95 页（下右）: Drawing by Connie Wald; Audrey Hepburn Estate Collection

101 页 : Photo by Maria Luisa Lombardo; © Luca Dotti

103 页 : Photo by Luca Dotti; Audrey Hepburn Estate Collection

104 页、198 页 : Photos by Umberto Pizzi; © Umberto Pizzi

113 页 : Photo by Cecil Beaton; Audrey Hepburn Estate Collection

114 页、117 页 : Photos by Yul Brynner; © Yul Brynner Estate/Victoria Brynner

119 页 : Film stills by Andrea Dotti; © Luca Dotti

130 页（下）: Photo by Sanford Roth; © Sanford Roth/MPTV Images

150 页 : Painting by Audrey Hepburn; Audrey Hepburn Estate Collection

152 页 : Photo by Robert Wolders; Audrey Hepburn Estate Collection

154 页 : © 1977 Morvan/Sipa

172 页 : Photo by Takashi Mizumura; © The Asahi Shimbun Collection/Getty Images

214 页（下左）: Photo by Andrea Dotti; © Andrew Wald

222 页：© 2015 Philippe Halsman/Magnum Photos

228 ~ 229 页、241 页（上）: Photo by Betty Press; © UNICEF/NYHQ1992-1187/Betty Press

230 页 : Peter Charlesworth; © UNICEF/NYHQ1990-0086/Charlesworth

234 页（中左）： © UNICEF/NYHQ1992-1189/Press

234 页（上右）: Jeremy Hartley; © UNICEF/C-53 5/Jeremy Hartley

234 页（下）: Photo by Betty Press; © UNICEF/NYHQ1992-0393/Betty Press

241 页（下）: Photo by Betty Press with Robert Wolders's camera; © Robert Wolders Collection

食谱索引